DOMINANDO BITCOIN PARA INICIANTES

Tecnologias De Bitcoin E Criptomoeda, Mineração, Investimento E Trading

ALAN T. NORMAN

Tradutor: Duda Junqueira Machado

Obtenha gratuitamente o livro **Bitcoin Whales: Guys who fooled the world Livro Bônus**

(Detalhes no final deste livro.)

Copyright © Todos os direitos reservados.

Índice

AF365549

Capítulo 1. O que é Bitcoin?

Se você escolheu este livro, é provável que tenha ouvido falar sobre Bitcoin.

- Talvez você tenha ouvido falar sobre isso nos círculos financeiros, já que o valor da Bitcoin aumentou rapidamente.
- Talvez você tenha ouvido falar disso em um contexto tecnológico, já que a Bitcoin é construída em cima de uma nova tecnologia chamada Blockchain.
- Ou, como muitos, você deve ter ouvido falar sobre a Bitcoin na imprensa popular, devido à quantidade de novos usuários, celebridades famosas e empresários de sucesso que começaram a usar Bitcoin no ano passado.

Nos últimos anos, a Bitcoin passou de algo conhecido apenas por alguns nerds de tecnologia a uma moeda revolucionária que mudou, rapidamente, a forma como pensamos sobre o conceito de dinheiro.

Aqui está a sinopse (muito) básica: Bitcoin é uma moeda digital. De muitas maneiras, funciona como dólares, euros ou ienes, permitindo-nos a transferência de valor. No entanto, a força da Bitcoin é a sua rede. A tecnologia Blockchain permite que o Bitcoin seja descentralizado, o que significa que qualquer pesso

pode acessar e negociar no livro contábil público do Bitcoin. Usando o Bitcoin, você pode enviar fundos para qualquer pessoa no mundo, sem a necessidade de grandes instituições como bancos, conversores de moeda e processadores de pagamento.

Tudo acontece na rede pública da Bitcoin.

Além dos pagamentos pessoa a pessoa, os pagamentos Bitcoin são, agora, aceitos em vários tipos de empresas . Alguns anos atrás, apenas, encontrar lugares que permitissem pagar em Bitcoin era um desafio. Para ser sincero, nos primeiros dias da Bitcoin, poderíamos ter preenchido apenas esta página com todos os lugares que aceitavam Bitcoin. Agora, a aceitação da Bitcoin explodiu.

Outro uso da Bitcoin surgiu nos últimos anos: investimento. À medida que mais pessoas começaram a usar Bitcoin, seu preço aumentou dramaticamente. Como veremos mais adiante neste livro, muitas pessoas estão comprando Bitcoin como um ativo, esperando que se valorize com o tempo.

Claro, a Bitcoin ainda tem seus problemas e desafios para o seu futuro. Vamos dar uma olhada em alguns desses desafios nas próximas páginas.

Neste livro, abordaremos tudo o que você precisa saber para começar a usar Bitcoin, então, vamos começar por de onde ele veio.

Pronto para mergulhar? Vamos lá!

O Início

Pense em alguns anos atrás. Em 2008, a crise financeira estava em pleno andamento, e pessoas de todo o mundo estavam sentindo os efeitos do desastre econômico dos Estados Unidos. Isto foi um daqueles momentos da história em que os problemas das moedas nacionais mostraram sua relevância. A crise financeira americana desvalorizou o dólar, e os problemas econômicos nos Estados afetaram o mundo inteiro.

Às vezes, a ocorrência de um colapso econômico completo parecia provável. Onde estavam todas aquelas pessoas que deveriam garantir que nada disso jamais acontecesse? Eles estragaram tudo, bastante. E Isso sendo moderado, para dizer o mínimo.

RESPOSTAS CENTRALIZADAS
As pessoas "conhecedoras" mais importantes decidiram que tinham uma resposta, que somente um banco centralizado poderia oferecer. Para combater o rápido colapso dos mercados financeiros, governos de todo o mundo decidiram o que é chamado de "alívio quantitativo", durante o qual imprimiam e injetavam mais dinheiro em suas economias, de modo que seus cidadãos tivessem os fundos necessários para evitar outra Grande Depressão.

Estes tipos de mudanças rápidas levam a "guerras cambiais", e, logo, os governos estavam competindo para ser o único com os preços mais baixos, que os manteria competitivos. Quando, então, os bancos enfrentaram problemas, devido ao baixo valor da moeda e às taxas de juros reduzidas, os governos foram forçados a resgatá-los com dinheiro dos contribuintes. Como você pode imaginar, isto apenas desvalorizou ainda mais a oferta de moeda existente.

Embora esta seja uma visão muito simplificada de um momento complexo da história econômica, a lição permanece. Os bancos centrais, que manipulam a oferta monetária, desvalorizaram moedas em todo o mundo.

No final, com as taxas de juros baixas e os resgates dos contribuintes, os próprios bancos, inicialmente responsáveis pelo problema financeiro, foram os que mais se beneficiaram com a economia em colapso. Foi durante este período que um homem, conhecido como Satoshi Nakamoto, se inspirou.

QUEM É SATOSHI?

Antes de explicar exatamente como a Bitcoin surgiu, vale a pena explorar quem é Satoshi Nakamoto. Sua história é a história da Bitcoin, e ele era misterioso.

A verdadeira identidade de Satoshi ainda permanece desconhecida, até hoje. Segundo suas próprias declarações em 2012, ele tinha 37 anos e morava em algum lugar do Japão. No entanto, muitas dúvidas sobre isso persistem. Ele escreve em inglês fluente, e o software Bitcoin não está documentado em japonês, levando muitos a pensar que ele não é de fato japonês, embora pudesse estar morando lá na época.

Com um pouco de trabalho de detetive, um codificador suíço determinou que Satoshi poderia morar na América do Norte, dada a hora do dia que ele postou nos fóruns de Bitcoin. O codificador fez isso analisando os horários de postagem mais comuns, e constatando que eles estavam alinhados com o horário médio de sono de alguém que vive no continente.

Será que algum dia saberemos quem é o criador da Bitcoin? Será ele, na verdade, uma equipe de pessoas? Podemos não descobrir nunca, mas uma coisa é certa: Esta pessoa controla aproximadamente um milhão de Bitcoin. Em junho de 2017, isso equivalia a quase US $ 3 bilhões! Com uma fortuna assim, eles podem comprar o direito à privacidade.

A CRIAÇÃO

Portanto, este codificador anônimo analisou o estado do mundo financeiro e viu muitos problemas. As formas tradicionais de resolver esta crise haviam sido tentadas e, embora funcionassem, por enquanto, ele viu que pouco foi feito para evitar futuros desastres. O que poderia ser feito sobre isso? Qualquer tipo de solução centralizada conseguiria resolver problemas deste tipo de uma vez por todas?

Ele decidiu que era necessária uma força disruptiva. Algo que pudesse mudar potencialmente a maneira como pensamos sobre moeda. A resposta foi uma forma de moeda completamente descentralizada e aberta a todos. Nenhum banco central controlando, nenhuma cadeia de transferências com um único superintendente. Nenhum grupo de elite de pessoas tomando decisões que afetariam cada pessoa usando suas moedas.

DESCENTRALIZAÇÃO

B

Descentralização: a movimentação de departamentos de uma grande organização para longe, de um único centro administrativo para outros locais.

Essa descentralização foi a principal força motriz por trás do trabalho de Satoshi. Essencialmente, a descentralização significa que todos fazem parte da economia Bitcoin, e todos estamos contribuindo de alguma forma. NÓS somos a força motriz, e não um banco central que controla quanto vale nossa moeda e quanto dela temos disponível em nossa economia. Melhor ainda, ao mesmo tempo, nenhum de nós tem controle sobre isso.

Não há governo, banco ou intermediário que possa nos dizer como usar a Bitcoin, pois ela, literalmente, pertence a todos que a usam. Com isso dito, quanto mais pessoas a utilizam, melhor ela funciona e mais viável se torna. É assim que a tecnologia pessoa-a-pessoa funciona. É diretamente entre usuários.

No sentido mais verdadeiro da palavra, é um mercado livre. Ouvimos muito falar sobre livre mercado ao longo dos anos, mas nenhum mercado pode ser verdadeiramente livre quando há uma força motriz tomando decisões por ele.

Como Satoshi Conseguiu

Satoshi está longe de ser a primeira pessoa a trabalhar no problema da moeda digital descentralizada. Criptógrafos e codificadores estavam trabalhando no problema muitos anos antes de 2008.

O desafio da descentralização é manter um livro contábil de transações. Normalmente, quando você paga alguém, o banco subtrai o dinheiro da sua conta e o adiciona à conta do destinatário. Manter o registro contábil da transação é a função principal de um banco.

Em um sistema descentralizado, no entanto, não há banco. Qualquer pessoa pode enviar uma solicitação de transação para a rede descentralizada. Isso torna o livro contábil descentralizado muito vulnerável a ataques. Maus participantes poderiam alterar o livro, ou gastar uma moeda digital várias vezes antes que a rede percebesse.

A inovação de Satoshi foi a tecnologia que, agora, chamamos de blockchain. Ele encontrou uma maneira de manter um livro-razão seguro, usando registros de data e hora, muito poder de processamento descentralizado e criptografia. Bitcoin - o primeiro blockchain - ainda hoje usa a arquitetura de Satoshi para garantir pagamentos.

Então, É Uma Moeda?

Uma das maiores perguntas que as pessoas têm sobre a Bitcoin é "É uma moeda"?

A resposta se encontra em uma área cinzenta. Bitcoin é um método de pagamento e uma maneira de transferir fundos. Você pode usar Bitcoin para fazer compras ou enviar pagamentos. É possível converter Bitcoin em dólares, euros, libras, ienes ou qualquer outra moeda. No entanto, não é apoiada por nenhuma instituição. Não há governo central para o qual você possa apontar, e não há garantias quando se trata de possuir Bitcoin. Só é valiosa na medida do número e tipos de lugares e pessoas que a aceitam.

Bitcoin é o que chamamos de moeda digital em sua forma mais pura, ou o que é conhecido como criptomoeda. Bitcoin foi a primeira criptomoeda, mas, agora, existem muitas delas. As criptomoedas operam de maneira diferente das moedas tradicionais, pois são baseadas em código, não nas decisões de um banco central. Esta diferença as torna atraentes, mas também mais voláteis.

Sobre O Custo

Uma das maiores características de uma moeda verdadeira é o valor estável. Muitas pessoas argumentam que a Bitcoin não é uma moeda, devido ao seu valor volátil. O preço da Bitcoin tem flutuado bastante e, ocasionalmente, dobra de valor em um curto período de tempo.

Por exemplo, em julho de 2010, o preço era de US $ 0,08 por Bitcoin. Em dezembro de 2017, a Bitcoin atingiu US $ 20.000. Em média, varia em torno de 2% ao dia. Isso é algo que você não vê nas moedas tradicionais, levando muitos a dizer que é inútil tratá-la como uma. Um preço estável é o que convencerá o investimento tradicional e levará a um crescimento sustentado.

Isso importa para a Bitcoin? Depende de como você olha. No curto prazo, a volatilidade do preço pode ter um enorme impacto na confiança das pessoas. Ao tentar atrair novas pessoas para o mundo das criptomoedas, o preço em rápida mudança pode, definitivamente, ser um problema.

A chave é olhar para a situação geral. Se você é alguém que está interessado em fazer parte de uma mudança econômica verdadeiramente revolucionária, o plano a longo prazo é o mais importante.

Com isso em mente, muita pesquisa mostrou que a Bitcoin deverá se estabilizar em algum momento no futuro, e flutuar muito menos. Os altos e baixos típicos podem ser amplamente atribuídos à quantidade de publicidade que a Bitcoin está recebendo em um determinado momento.

Há também uma alta probabilidade de os governos começarem a regular as criptomoedas nos próximos anos. Embora a própria regulamentação não seja capaz de acabar com as moedas descentralizadas, ela terá um forte efeito moderador sobre quanto e com que rapidez as avaliações mudam.

O Que É Uma Criptomoeda?

B

"Criptomoeda: uma moeda digital na qual são usadas técnicas de criptografia para regular a geração de unidades de moeda e verificar a transferência de fundos, operando independentemente de um banco central."

A definição de criptomoedas requer muitas informações técnicas que abordaremos mais detalhadamente mais adiante neste livro, mas vale a pena uma introdução aqui para que você possa entender do que estamos falando.

Em termos simples, uma criptomoeda é composta por linhas de código que têm valor monetário. Usando criptografia, a rede descentralizada cria novas moedas e protege as transações. Alguns membros da rede descentralizada configuram computadores que processam o código. Em troca, esses nós processadores - conhecidos como mineradores - recebem uma recompensa por proteger as transações na Blockchain.

Então, Por Que Bitcoin?

Bitcoin está longe de ser a única criptomoeda. No entanto, ela consistentemente manteve seu domínio como a criptomoeda número um do mundo nos últimos dez anos.

Há um forte argumento a ser feito de que a Bitcoin não é a melhor criptomoeda do mundo. Novos projetos surgiram com escalabilidade, velocidade e privacidade de transação superiores. No entanto, estas novas moedas não foram capazes de derrubar a Bitcoin do seu trono.

Parte da razão pela qual a Bitcoin manteve sua liderança é o seu começo. A Bitcoin foi a primeira Blockchain de todos os tempos. Todo o interesse inicial na Blockchain, de 2008 a 2013, focou-se na Bitcoin. Isso significa que a Bitcoin tinha a maior base de usuários e a sua escolha de ótimos desenvolvedores para construir o sistema.

Este processo é um ciclo virtuoso para a Bitcoin. Por ter a maior rede, também tem a maior aceitação. Efeitos de rede significa que quanto mais pessoas usam uma tecnologia, mais útil ela se torna.

Veja o email, por exemplo. Não seria útil se você fosse a única pessoa no mundo com um endereço de email. Seria útil se você e algumas outras pessoas tivessem e-mail. Mas é extremamente útil quando quase todo mundo tem um endereço de email. A adoção da Bitcoin é igual. /se torna mais útil quanto mais pessoas a aceitam.

A Bitcoin ainda recebe o máximo presença na imprensa do que qualquer criptomoeda hoje, principalmente porque ainda é a maior. Sua longa história também lhe confere alguma legitimidade.

Ao longo de uma década, a Bitcoin enfrentou e superou muitos obstáculos e desafios técnicos, sempre crescendo novamente. Seu comprovado registro de segurança também a torna a compra de criptomoeda mais segura para iniciantes.

Enquanto outras criptomoedas podem focar em funções específicas, a Bitcoin é uma moeda digital versátil, disponível em quase todas as trocas de altcoin. No estágio atual, é a moeda que possui os investimentos, a base de usuários, a segurança e o histórico.

Aprendendo Sobre Bitcoin

E isto é apenas o começo. Ao longo deste livro, abordaremos todos os aspectos da Bitcoin e forneceremos conselhos do mundo real sobre como começar.

Há muito o que aprender. É fácil ficar perdido nas minúcias da Bitcoin e como sua tecnologia funciona, mas para começar com a Bitcoin, você só precisa entender os fundamentos. É exatamente isso que você lerá nas próximas páginas.

Capítulo 2. Entendendo as transações Blockchain & Bitcoin

Antes de começarmos a comprar e armazenar sua primeira Bitcoin, vamos falar sobre os fundamentos da tecnologia que faz a Bitcoin funcionar - a Blockchain. Recentemente, a "Blockchain" ganhou status como uma palavra da moda para novas startups. Muitas pessoas que usam o termo não têm uma ideia clara de como a Blockchain protege uma rede descentralizada. Até o final deste capítulo, você entenderá o básico da Blockchain melhor do que muitos entusiastas de criptomoeda.

A Blockchain & Bitcoin

Se você se lembra, foi em 2008 que Satoshi Nakamoto publicou, pela primeira vez, um white paper sobre a tecnologia Bitcoin e detalhou o sistema ponto a ponto que executa as transações de Bitcoin. A moeda Bitcoin em si mesma é uma ideia revolucionária. No entanto, a tecnologia que a alimenta é a verdadeira inovação. A Blockchain de Satoshi torna possível criar registros descentralizados seguros para qualquer coisa, não apenas para criptomoedas.

A Blockchain Bitcoin é o livro público que contém todas as transações de que foram feitas na história da Bitcoin. Como não existe um órgão de administração central ou banco de dados, o razão fica em uma rede composta por todos os computadores que executam o software Bitcoin. Todos trabalham juntos para construir a rede.

Tudo isso acontece em público, e qualquer pessoa pode ver o tráfego enquanto está acontecendo. Este nível de transparência é quase inédito em qualquer outro sistema financeiro. Essa transparência é o que torna as criptomoedas únicas.

De maneira mais geral, a Blockchain pode afetar qualquer parte de nossas vidas em que precisamos verificar a identidade, realizar uma transação ou garantir um contrato. O registro público na Blockchain pode ser mais rápido, mais barato e mais seguro do que muitas instituições em que confiamos hoje.

Como as Transações de Bitcoin Funcionam?

Bitcoins não existem fisicamente. Não há cofre de bitcoins em algum lugar. Quando você pensa sobre isso, não é tão diferente do nosso dinheiro moderno. O dinheiro que você vê ao fazer login na sua conta bancária não significa que existe uma caixa com seus fundos. Da mesma forma, não há nada que possa ser definido, como "esta é uma Bitcoin".

Em vez disso, quando você inicia uma transação, envia sua solicitação de transação para toda a rede. Os mineradores na rede adicionarão sua transação ao razão público, juntamente com outras solicitações de

transação atualmente na rede. Esse livro é carimbado
com a hora, vinculado ao último livro produzido e
bloqueado com uma chave criptográfica. Um livro razão
carimbado, vinculado e bloqueado é chamada de bloco.

Blocos

Os blocos de transações contêm tudo o que precisam
tanto para adicionar novas transações como também
conectar o bloco a todas as anteriores. Há quatro itens
incluídos em cada bloco: uma referência ao bloco
anterior na cadeia, todas as transações sendo
adicionadas, um carimbo de data e hora e a prova
criptográfica que mostra como o bloco foi criado.

Esta combinação de carimbo, vinculação e bloqueio de
blocos foi a inovação da Satoshi na criação da Bitcoin.
Ela resolve os problemas de criação de um livro razão
ao qual qualquer pessoa pode adicionar:

- O registro de data e hora mostra onde o bloco
  pertence na ordem, garantindo que os blocos não
  se misturem ou que vários blocos não sejam
  respeitados pela rede ao mesmo tempo.
- O link é uma referência ao bloco anterior,
  incorporado no conteúdo do bloco atual. Isto
  assegura o lugar do bloco em uma longa cadeia
  de blocos. A Blockchain!
- O bloqueio criptográfico no bloco é conhecido
  como hash. Os mineradores da rede usam seu
  poder computacional para cálcular este hash.

Para a Bitcoin, é um quebra-cabeça incrivelmente difícil que leva aos processadores mais rápidos do mundo, em média, 10 minutos para resolver.

Ao hospedar todas estas informações em um único bloco, o sistema Blockchain é capaz de se auto-regular, não requerendo vigilância para sua supervisão. Não há necessidade de alguém verificar manualmente as transações. Depois de se fazer o hash, é quase impossível alterar o conteúdo de um bloco.

Alterar o conteúdo de um bloco exigiria a edição do razão, a reconstrução do bloco e a resolução do quebra-cabeça criptográfico novamente. É melhor que você espere que seu computador seja mais rápido do que todos os outros computadores da rede, porque você precisará vencer a corrida para concluir o quebra-cabeça, se quiser que seu bloco seja implementado. Isto é altamente improvável, dado o enorme poder de computação na rede Bitcoin.

Os blocos são organizados em uma cadeia e, se você quiser alterar uma transação mais antiga, precisará editar este bloco e resolver o novo quebra-cabeça. Mas a resposta para o antigo quebra-cabeça original está embutida no próximo bloco da cadeia. Você também teria que atualizar o próximo bloco, desta vez com a nova resposta do quebra-cabeça! Toda vez que você edita um bloco, você teria que resolver novamente o quebra-cabeça de todos os blocos que vieram depois. Quanto mais quebra-cabeças de blocos você tiver que resolver, menor a probabilidade de implementar seu ataque com sucesso. As transações de Bitcoin com mais de uma hora de idade são estatisticamente quase impossíveis de mudar.

Depois que uma transação é adicionada à Blockchain, ela existe para sempre e é registrada em todos os computadores da rede. Dessa forma, a Blockchain é um dos bancos de dados mais seguros que se possa imaginar.

CONFIRMAÇÕES

As transações bem-sucedidas devem ser confirmadas, para garantir que estejam corretas. Mineiros, que criam um novo bloco e o adicionam ao Blockchain a cada dez minutos, fazem isso. Os mineiros verificam transações, registram-nas no livro público e adicionam-nas ao próximo bloco. Uma vez resolvido o bloco, a transação é considerada verificada e as alterações são improváveis.

Conforme descrito acima, torna-se cada vez mais difícil alterar uma transação quanto mais o tempo o bloco estiver na cadeia. Por este motivo, algumas pessoas preferem esperar vários blocos antes de chamar a transação de "confirmada".

Ao usar Bitcoin em uma loja, alguns comerciantes podem não forçá-lo a esperar. No entanto, isto significa que eles estão se arriscando com você, no recebimento de seu pagamento. Isto é mais comum geralmente em transações de baixo valor, pois existe um menor risco de fraude.

TAXAS

Como em todos os sistemas transacionais, a Bitcoin tem taxas a cada transferência. Há uma distinção importante aqui, no entanto: As taxas não são obrigatórias e podem ser determinadas pela pessoa que envia os fundos.

Em troca por confirmações mais rápidas, os mineradores coletam e processam as taxas. Pague o suficiente, e o minerador moverá sua transação para o topo da pilha, para ser adicionada já ao próximo bloco. Depois de criarem com sucesso um novo bloco Bitcoin, eles cobrarão as taxas de todas as transações incluídas neste bloco específico.

As taxas são totalmente voluntárias e a pessoa que inicia a transação pode decidir se deseja ou não incluir uma taxa. Ao incluir uma taxa, no entanto, você pode garantir que os mineradores tenham um incentivo para processar sua transação. Se você optar por não incluir uma taxa, os mineiros processarão outras transações antes da sua. Você pode esperar horas (ou mesmo dias) antes de sua transação gratuita ser incluída em um bloco.

Algumas carteiras (onde você mantém e gerencia sua Bitcoin) decidem a taxa de transação por você. Falaremos mais sobre carteiras em breve.

A Blockchain & Transações

A Blockchain parece um pouco menos misteriosa agora? Este é apenas o começo desta incrível invenção. Eu escrevi um livro inteiro sobre a tecnologia Blockchain (https://geni.us/blockchain-es). Se você estiver interessado, este livro mergulha no âmago da questão.

Mais tarde, abordaremos mais a respeito dos mineradores sobre os quais você está lendo, mas, por enquanto, vamos passar para algumas informações úteis sobre como obter e gastar Bitcoins.

Capítulo 3. Introdução à Bitcoin

Com uma criptomoeda como a Bitcoin, o mais importante é obter boas informações e entender o sistema antes de entrar. A Bitcoin não tem uma autoridade central, portanto, as transações não podem ser revertidas. Se você cometer um erro com sua Bitcoin, será permanente. Dito isto, tenha cuidado, invista apenas um pouco de cada vez e faça suas pesquisas.

Este livro é uma boa introdução, mas é praticamente impossível cobrir tudo o que você encontrará no mundo da Bitcoin. O melhor conselho que posso dar é leia o máximo que puder.

A Bitcoin pode parecer assustadora ou complicada. O objetivo deste capítulo é familiarizar-se com conceitos básicos e regras básicas para começar com a Bitcoin. Lembre-se de que haverá explicações mais profundas sobre estas coisas no livro; portanto, não se prenda muito a nenhum destes aspectos.

Segurança Pessoal na Bitcoin

Antes de dar algum conselho sobre como comprar, manter, vender e negociar em Bitcoin, precisamos falar sobre segurança. A própria rede Bitcoin é altamente segura. A rede Bitcoin nunca foi hackeada diretamente, sendo extremamente improvável que alguém possa mudar uma transação no razão público da Bitcoin.

O risco de segurança de possuir Bitcoin vem de descuido pessoal ou de lidar com terceiros provedores de serviços. Aqui alguns pequenos conselhos:

NUNCA COMPARTILHE SUA CHAVE PRIVADA
Esta é a primeira regra de segurança da Bitcoin, e deveria ser óbvia. Nenhuma empresa ou pessoa legítima solicitará sua chave privada Bitcoin (a menos que você esteja autorizando um gasto). Os endereços Bitcoin não estão vinculados à sua identidade. Você não precisa fornecer identificação ao criar a maioria das carteiras, e a única coisa que distingue o proprietário de uma carteira é conhecer a chave privada.

Como tal, qualquer pessoa que possua sua chave privada pode gastar sua Bitcoin. Ponto. E não há como reverter transações ou denunciar fraudes na Bitcoin. Nunca compartilhe sua chave privada.

NÃO PERCA SUA CHAVE PRIVADA
Um efeito colateral dos endereços anônimos é que não há como recuperar sua chave privada se você a perder. A única maneira de acessar seu endereço é com essa chave. Se você perder sua chave, seus fundos estarão perdidos para sempre.

A maioria das carteiras cuida disso para você, armazenando sua informação de chave com uma senha recuperável. Certifica-se, entretanto, de fazer backup de todas as informações referentes à sua chave confidencial em múltiplos lugares.

Tenha Uma Carteira Segura

Como você suporia, uma carteira é o que contém a Bitcoin que você recebe. Existem muitas opções diferentes que discutiremos, incluindo baseadas na Web, baseadas em hardware, dispositivos móveis e muito mais. Muitas pessoas mantêm sua Bitcoin de uso diário em uma carteira normal da Web, enquanto armazenam o restante em uma carteira mais segura, da qual podem fazer backup e manter em segurança. Dessa forma, mesmo que alguém invada seu computador não poderá afetar suas economias. Falaremos mais sobre carteiras diferentes mais tarde.

Saiba Que O Preço Mudará

O preço da Bitcoin muda a cada minuto. É importante entender isso, porque, às vezes, pode ser uma estrada acidentada. Ela tem subido constantemente, mas teve também sua justa parte de quedas de valor. Alguns anos atrás, era quase inacreditável que uma Bitcoin valesse US $ 100. No momento da redação deste livro, está acima de US $ 11.000! Embora seja esperado que aumente com o passar do tempo, haverá dias em que o preço cai, e sabemos que tudo faz parte do caminho.

Você Não Pode Estornar Pagamentos

Os pagamentos em Bitcoin não são como cartões de crédito ou PayPal. Depois de enviar dinheiro para alguém, eles são a única pessoa que pode devolvê-lo. Com isso em mente, é vital que você confie na pessoa para quem está enviando fundos e sempre verifique o endereço da carteira.

Caso você envie Bitcoin para o endereço errado, é provável que não a recupere. Verifique, dupla e triplamente, todos os detalhes da transação antes de enviar fundos.

Se algo acontecer, não há uma empresa central que possa ajudar. Isto tem efeitos bons e ruins no uso de Bitcoin em comparação com outros métodos de pagamento, mas falaremos sobre isso um pouco mais adiante.

Bitcoins são Rastreáveis

Como a Bitcoin opera em um livro público, qualquer pessoa pode ver o histórico de transações na rede. As transações são apenas uma lista de endereços públicos e valores de transação. Ainda assim, investigadores inteligentes podem criar uma rede de transações e identificar tendências. Com o tempo, um investigador dedicado pode descobrir qual endereço é seu e ver todos os endereços para os quais você efetuou pagamentos em Bitcoin.

Existem maneiras de evitar ser rastreado na Bitcoin. Você pode usar vários endereços ou até um novo endereço para cada nova transação. Você também pode usar serviços de mescla de moedas que mascaram a fonte de fundos ao misturá-los com outros fundos. Ainda assim, vale a pena reconhecer, de antemão, que o razão público é exatamente isso: público.

PODE HAVER DORES NO CRESCIMENTO
A Bitcoin está crescendo rapidamente e pode haver muitas mudanças no futuro. Novas atualizações podem fazer com que alguns fornecedores repensem seus serviços e preços, as confirmações podem desacelerar, as taxas podem aumentar ou qualquer outra coisa pode acontecer. Não há como dizer como as coisas vão mudar, mas desde que você entenda o que está por trás de tudo isso, você ficará bem.

Introdução À Bitcoin

Este é apenas o começo da Bitcoin. Há muito a aprender, mas vou orientá-lo para garantir que você se sinta seguro, e bem informado o suficiente, para entrar nesta moeda digital de rápido crescimento e que só vai aumentar!

Capítulo 4. Onde guardar sua Bitcoin

Seu Endereço de Bitcoin

Você já enviou um e-mail para alguém antes, certo? Esse endereço específico permite que essa pessoa envie e receba mensagens para qualquer pessoa na Web com um endereço de email. Endereços de Bitcoin funcionam da mesma forma, embora haja uma diferença fundamental.

O QUE É UM ENDEREÇO DE BITCOIN?
Um endereço Bitcoin é a sequência específica de caracteres que identifica sua carteira. Ao contrário do exemplo de endereço de email, no entanto, uma única carteira pode ter vários endereços e até um novo para cada nova transação que você fizer.

No caso da Bitcoin, o endereço tem entre 26 e 35 caracteres alfanuméricos. Cada endereço também começa com 1 ou 3 e diferencia maiúsculas de minúsculas. Esta sequência de caracteres deve ser exata ou os fundos não podem ser transferidos, mas isso não deve surpreender ninguém que tenha transferido fundos tradicionais antes.

Quando você deseja receber fundos, compartilha seu endereço de Bitcoin com a pessoa que paga. Você também pode listar seu endereço publicamente. Compartilhar seu endereço não fornece acesso à sua conta de forma nenhuma. Apenas informa à rede para onde direcionar os fundos.

B

"Aqui está um exemplo de endereço de Bitcoin:

1BvBMSEYstWetqTFn5Au4m4GFg7xJaNVN2"

Endereços de uso único

Enquanto os endereços de email, para usar nosso exemplo anterior, não mudam, a maioria dos especialistas recomenda o uso de um novo endereço de Bitcoin para cada transação. Como o endereço não é o mesmo da sua carteira, isto significa que você não está criando uma nova carteira, mas simplesmente usando um novo identificador para as pessoas que lhe enviam Bitcoin. Há várias razões para isso.

Anonimato

Há um grande problema com a reutilização de um endereço Bitcoin: Você corre o risco de perder o anonimato que acompanha a Bitcoin.

Cada vez que você usa um endereço Bitcoin, coloca mais informações à disposição do público sobre de onde a Bitcoin veio ou para onde foi. Como a Bitcoin opera em um livro público, as pessoas podem ver seu endereço quando ele aparece no livro. Com o tempo, usar o mesmo endereço repetidamente significa que maus elementos poderiam mapear seus relacionamentos, transações e fundos recebidos. Quanto mais você usa e aborda, mais informações alguém pode aprender sobre você.

B

"Isso nem sempre é provável.   Isso só deve ser uma preocupação se você quiser ter absoluta certeza de que é anônimo.

Com isso em mente, a criação de novos endereços para cada transação ajuda a preservar sua identidade e manter suas transações mais anônimas. Mesmo quando as transações são registradas em público, esta é uma maneira eficaz de manter um escudo de anonimato.

Criar um novo endereço geralmente é tão simples quanto clicar em um botão no seu cliente de carteira. Discutiremos as carteiras em breve.

IDENTIFICAR PAGAMENTOS

Se você é uma empresa ou é alguém que gostaria de acompanhar as transações, é muito mais fácil fazer isso com endereços de uso único.

Ao vincular as transações a um endereço exclusivo, você sempre pode verificar se recebeu um pagamento com base no endereço que você forneceu. Isto também é verdade se cada cliente usar o mesmo endereço atribuído a eles, mas não é a maneira recomendada de receber fundos.

Desta forma, cada pagamento recebe seu próprio tipo de identificador exclusivo. Isto é especialmente útil se você estiver gerenciando um grande departamento de contas a receber ou a pagar.

Alguma Razão Para Não Fazer Isso?

Pode parecer um aborrecimento, ou irrelevante, criar novos endereços para cada transação. Se você está fazendo apenas transações mínimas ou não está preocupado em ser rastreado, qual é o problema?

No final, é apenas um bom hábito de se criar e manter. Aumentar o anonimato dos seus pagamentos aumenta o anonimato geral da rede. Se todos criassem novos endereços, seria difícil rastrear os pagamentos, mesmo em um livro público. Como veremos mais adiante, esta privacidade da rede como um todo é importante para a fungibilidade e usabilidade da Bitcoin.

O consenso esmagador é que praticamente não há motivos para não usar um endereço novo para cada transação, exceto a etapa adicional de clicar para criar um.

Criando Um Endereço De Bitcoin

Então, agora que você sabe que deve criar um novo endereço para cada transação, como você, em realidade, faz isso? A resposta não poderia ser mais simples.

Sua carteira fará isso por você. Carteiras são softwares que ajudam a gerenciar seus fundos e vários endereços.

Varia um pouco de carteira para carteira, mas, na maioria dos casos, basta abrir a carteira e clicar em "Criar novo endereço" ou algo semelhante.

Para instruções mais específicas, consulte a documentação em sua carteira específica.

Por fim, espero que a criação de um novo endereço para cada transação em breve se torne uma configuração padrão para a maioria das carteiras. A privacidade se tornará automática.

B

Se você quiser saber mais sobre por que sempre deveria criar novos endereços, leia: http://en.bitcoin.it/wiki/address_reuse

Carteiras Bitcoin

Como você presumiria, as carteiras Bitcoin mantêm seu Bitcoin. Você também usará a carteira para iniciar o envio e gerar novos endereços. Você pode ter endereços quase ilimitados vinculados a uma carteira.

Sua carteira é, de longe, o aspecto de segurança mais importante de possuir Bitcoin e algo que você deve proteger sempre, da melhor maneira possível. Você nunca deixaria sua carteira aberta, certo?

Sua carteira Bitcoin não é apenas o lugar para onde as pessoas podem enviar bitcoins. É também o centro de comando do qual você pode emitir transações de gastos. Para acessar seu saldo e autorizar gastos, é necessário mais do que apenas os endereços que discutimos acima. Além disso, você precisará de chaves públicas e privadas para cada endereço em sua carteira.

Chaves Privadas

Sua chave privada é protegida por uma base de código de criptografia e relacionada ao seu endereço público. A chave privada é a chave base sobre a qual a chave pública e o endereço público são gerados. A chave privada é uma sequência de caracteres alfanuméricos gerada aleatoriamente. No entanto, sabendo a chave pública ou o endereço público, seria impossível descobrir a chave privada relacionada.

A única maneira de aprender uma chave privada é ser informado sobre ela. O que é o mais importante é isto: NUNCA compartilhe sua chave privada Se você não conseguir fazer backup e perdê-la, sua carteira de Bitcoin ficará impossível de acessar. Também nunca compartilhe sua chave privada Qualquer pessoa com a chave pode gastar os fundos nesse endereço. Esta é, simplesmente, a parte mais importante da sua carteira!

Chaves Públicas

A chave pública é para verificar se você é o proprietário do endereço Bitcoin associado à sua carteira. Muitas pessoas assumem que a chave pública é a mesma coisa que o endereço da carteira e, mesmo estando relacionadas, são duas coisas totalmente diferentes.

Chaves públicas são criadas a partir da chave privada, usando algoritmos matemáticos. Isto significa que elas são muito complexas e muito seguras. Virtualmente impossível de adivinhar.

Para ser exato, as chaves públicas têm 256 bits e são usadas para criar o endereço final com 160 bits. O endereço é conhecido como a versão "hash" da chave pública.

UMA POUCO DE CRIPTOGRAFIA

A Bitcoin e outros aplicativos Blockchain dependem muito de um campo da matemática conhecido como criptografia. Criptografia é a prática de criar (e às vezes quebrar) códigos.

Hashing é um tipo de algoritmo criptográfico que recebe uma entrada e produz uma saída padronizada e única. O hash funciona apenas em uma direção; portanto, se você conhece a entrada, é fácil descobrir a saída. No entanto, se você souber apenas a saída, precisará adivinhar as entradas por um longo tempo antes de encontrar a resposta correta.

Um fato interessante: Se alguém tiver sua chave pública, serão necessários trilhões de anos para decifrar sua chave privada, mesmo usando os computadores mais sofisticados existentes. Sua chave pública é um hash da sua chave privada.

Se alguém tiver sua chave pública, ele poderá visualizar o saldo, mas não poderá enviar Bitcoin para outros endereços. Somente uma chave privada pode autorizar transações de gastos.

Chaves públicas e privadas são apenas um lugar onde o hash é usado na Bitcoin. Lembre-se do quebra-cabeça criptográfico que bloqueia blocos e evita mudanças na Blockchain? Esse quebra-cabeça também envolve o hash e o teste de várias entradas para obter uma saída correta.

Este é apenas um livro introdutório, por isso não vou me aprofundar muito no funcionamento do hash. Nem é preciso dizer que é muito legal. Por enquanto, porém, vamos nos aprofundar na escolha de uma carteira e aprender mais sobre os diferentes tipos que estão agora no mercado.

Escolhendo Uma Carteira

Você pode não saber disso, mas escolher uma carteira Bitcoin é um pouco mais difícil do que escolher uma em uma loja de departamentos.

Existem muitas opções diferentes de carteira disponíveis, e cada uma tem seus próprios méritos. Dependendo do que você planeja fazer com sua Bitcoin, quão seguro você gostaria que fosse e quantas vezes você trocará moedas, você pode escolher uma que funcione melhor para suas necessidades específicas.

Vamos abordar o básico, para que você saiba exatamente o que procurar em uma carteira Bitcoin.

CARTEIRAS WEB

É aqui que totais iniciantes desejam começar. Abordaremos todos os diferentes tipos de carteiras neste capítulo, mas se você estiver negociando pequenas transações em suas primeiras trocas, uma carteira Web é o caminho a seguir - provavelmente em uma bolsa (consulte "Carteiras de Bolsa" abaixo)

As carteiras Web não exigem que você baixe o software principal ou gerencie tudo sozinho. As carteiras Web agem como intermediários, que guardando sua Bitcoin e permitindo que você a gaste por meio de uma plataforma da Web que elas mantêm segura para você.

As carteiras Web são rápidas e leves, mas exigem que você confie na empresa que a faz. Como você não está executando um nó na rede Bitcoin, precisará encaminhar suas informações seguras através do intermediário online. Elas são fáceis de configurar, mas estão longe de ser seguras.

Carteiras de Bolsa

Carteiras de Bolsa, como o termo indica, são carteiras hospedadas por bolsas de Bitcoin. Esta é, de longe, a opção mais conveniente para os usuários, mas apresenta algumas desvantagens. Grandes violações da rede Bitcoin, como o infame escândalo Mt. Gox, vieram às custas de carteiras de bolsa mal protegidas.

Por pura facilidade de uso, no entanto, esta é uma opção que se encaixa para a maioria das pessoas usando apenas pequenas quantias de Bitcoin, comprando ou vendendo com frequência. Uma estratégia inteligente, se você possui muita Bitcoin, é armazenar suas economias em uma carteira isolada, mantendo, a qualquer momento, apenas uma pequena quantia de seus fundos em uma carteira de bolsa.

Carteiras Dedicadas

As carteiras dedicadas funcionam apenas como locais para armazenar Bitcoin. Eles não têm um serviço de troca e seu único objetivo é fornecer a você um lugar na web para guardar e gastar suas bitcoins. Se você compra moedas através de serviços ponto a ponto ou se você gosta de manter suas moedas isoladas, é ideal.

FAÇA SUA PESQUISA!

É vital que você entenda a empresa em que confia para manter sua Bitcoin para você. Um dos problemas mais divulgados foi o fiasco em torno do Mt. Gox, em 2014. Mt. Gox era uma bolsa de Bitcoin responsável, numa determinada época, por cerca de 70% das transações mundiais de Bitcoin. Um dia, de repente, entrou em colapso, depois que milhões de dólares em Bitcoin desapareceram. Alegaram que 850.000 bitcoins tinham sumido e, na época, isso valia cerca de US $ 450 milhões.

Isso deixou, provavelmente, centenas de milhares de clientes sem Bitcoin e não havia como recuperá-las. Eventualmente, a empresa declarou falência e o CEO foi preso. Devido à natureza da Bitcoin, estava além da capacidade de qualquer pessoa corrigir este erro.

Um destino semelhante teve a Bitfinex. A empresa foi invadida em 2016 e um valor estimado em US $ 72 milhões em Bitcoin foi roubado.

B

"Com isso em mente, verifique onde está localizada a bolsa, como é sua reputação passada e, em caso de dúvida, não mantenha mais do que você pode perder em uma carteira baseada na Web."

Felizmente, novos regulamentos já foram implementados e novos sempre estão sendo definidos. Muitos governos e órgãos reguladores estão tentando evitar problemas futuros como este, mas ainda vale a pena entender com quem você está negociando.

CARTEIRAS DE SOFTWARE

A próxima opção para carteiras Bitcoin é baseada em software que é mantido no seu computador. Este software é um aplicativo Bitcoin que fornece controle total de seus dados e garante que você esteja protegido contra influências externas, desde que o seu computador desktop esteja seguro, pois tudo está alojado no seu computador.

Uma das versões originais é a Bitcoin Core, desenvolvido pela Bitcoin Foundation e continua a ser suportada por ela. Este software de código aberto está disponível para todos, e qualquer pessoa que deseje pode consultar o código-fonte e garantir que nada de suspeito ocorra no próprio aplicativo. Esse nível de transparência garante que a Bitcoin seja segura e que não haja uma fonte única de informações que mantenha o software como secreto.

No entanto, as carteiras de software não servem apenas para armazenar sua Bitcoin. Elas também ajudam a continuar a rede Bitcoin e a manter os registros da Blockchain descentralizados. O uso de uma carteira de software criará um nó completo da rede Bitcoin no seu computador. Ao operar como um nó completo, você ajudará a retransmitir transações e manter a Bitcoin segura. Isto significa, no entanto, que a sincronização inicial pode demorar um pouco, pois seu computador precisará fazer o download do histórico do Blockchain antes que ele possa ser atualizado.

Nós o guiaremos pela instalação da Bitcoin Core para dar uma idéia de como você pode começar a executar um nó e participar da rede.

Para Instalar a Bitcoin Core:

1) Abra seu navegador e vá para https://bitcoin.org/en/download

2) Faça o download do cliente.

3) Clique duas vezes no ícone e confirme com o Windows que você deseja instalar o software.

4) Selecione onde você deseja que a Blockchain e a carteira sejam mantidas. Você pode manter o destino na opção padrão, a menos que tenha um local específico em que gostaria de armazená-las.

5) Faça o Download da Blockchain. Isto pode levar alguns dias para ser concluído, dependendo da velocidade da sua conexão com a Internet. Pode ter mais de 100 GB, portanto, tenha espaço e tempo para permitir o download.

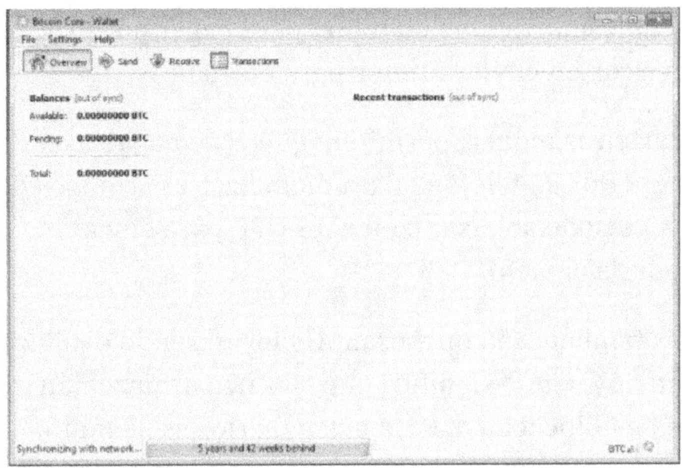

6) É isso aí!

A instalação é semelhante para a maioria das carteiras de software, mas, se tiver problemas, você pode verificar a documentação específica.

Outras Carteiras de Software

Obviamente, a Bitcoin Core é a carteira de software oficialmente suportada pela Bitcoin Foundation. Isso não significa que é a única carteira de software existente.

Para obter uma grande lista de carteiras de software e suas classificações, acesse:
http://bitcoin.org/en/choose-your-wallet

CARTEIRAS MÓVEIS

As carteiras móveis podem ser a opção mais prática para o uso diário da Bitcoin. Desta forma, você pode usar seu smartphone ou tablet para pagar por produtos e serviços ou enviar fundos para outra pessoa.

As carteiras móveis permitem que você pague usando a câmera do seu telefone para digitalizar um código QR, ou você pode até usar conexões NFC para enviar moedas a alguém.

Estas também são opções muito leves, sendo conhecidas como SPV, o que significa que elas não armazenam uma cópia da Blockchain. Para o uso diário, isso é muito conveniente, mas não contribui para a integridade da transação da mesma maneira que um aplicativo de desktop.

MANTENDO SUA CARTEIRA SEGURA

Como você já sabe, sua carteira Bitcoin deve estar sempre segura. Isso significa ter proteções no seu próprio computador ou telefone, caso alguém consiga acesso a ele.

É vital que você crie uma senha que não possa ser adivinhada com facilidade. Quanto mais segura a senha, mais seguros estarão suas bitcoins.

Criando uma Senha Forte

Para ter uma senha forte, siga estas recomendações:

- A senha deve ter 12 ou mais caracteres.
- NÃO use lugares, nomes ou palavras.

- Use uma variedade de pontuação, ortografia, números e letras maiúsculas.

Essas três regras simples tornam quase impossível adivinhar sua senha ou consegui-la através de um ataque de força bruta. De fato, para cada caractere adicional que segue estas regras, você aumenta exponencialmente sua segurança.

Mantenha Backups

É importante que você sempre tenha um backup recente de sua carteira, caso algo aconteça. Você pode fazer isso com o software, por isso é incrivelmente fácil de fazer. Faça backup da carteira em uma unidade USB/pen drive ou disco rígido externo e, como a carteira é criptografada, ela permanecerá segura no caso de acontecer algo e que você precise recuperar sua carteira Bitcoin.

Uma Palavra de Cuidado

É importante que você tenha maneiras de fazer backup de sua carteira. Os telefones podem ser facilmente perdidos ou roubados, por isso é importante que você tenha uma maneira de mantê-la segura, caso isso aconteça.

Vá para http://bitcoin.org/en/choose-your-wallet para obter uma lista de Carteiras Móveis.

Agora que você entende o que são as carteiras Bitcoin e como elas funcionam, você pode começar a gastar e receber moedas! Depois de saber como as coisas funcionam, torna-se incrivelmente fácil, embora, a princípio, possa parecer estranho. No fundo, não é tão diferente de pagar com todos os outros aplicativos atualmente disponíveis para enviar e receber moeda tradicional.

Armazenamento Frio

Se você optar por manter uma grande quantidade de Bitcoin, talvez não queira mantê-la na carteira que usa para comprar. Se algo acontecer ou alguém tiver acesso à sua carteira, eles poderão roubar toda a Bitcoin que você possui. Em alguns casos, isso pode significar que uma quantia muito grande de dinheiro está vulnerável.

Para proteger você e seus Bitcoins, é melhor manter seus fundos de longo prazo no que chamamos de "armazenamento frio". Estas são maneiras de manter sua Bitcoin segura, sem que sua carteira tenha uma conexão constante à Internet, como acontece quando mantida em servidores das principais carteiras baseadas na Web.

Carteiras de Papel

Antes que outras formas seguras de carteiras Bitcoin estivessem disponíveis comercialmente, as carteiras de papel eram, de longe, a maneira mais comum de manter os bitcoins em armazenamento frio. Existem muitas etapas a serem tomadas para garantir que seja totalmente segura, mas, com uma pequena ajuda, você poderá manter suas moedas seguras e longe de ladrões.

Essencialmente, você criará um impresso que contém as informações necessárias para enviar e receber pagamentos na forma de um código QR. Isso significa que ela conterá as chaves pública e privada e tudo que você precisa fazer é digitalizá-la em uma carteira de software para fazer transações.

O benefício disso é que você não terá uma cópia da sua carteira localizada em nenhum computador ou dispositivo móvel e, portanto, é impossível alguém invadir e roubar suas Bitcoins. Sem uma cópia digital, você nunca se preocupa com crimes cibernéticos ou com falhas de hardware.

Também é verdade, no entanto, que o papel pode se molhar, queimar ou simplesmente desbotar com o tempo. Por este motivo, algumas pessoas as laminam ou criam versões mais duráveis de uma carteira de papel em outros materiais.

Vamos ver como você pode criar sua própria carteira de papel!

Usaremos o serviço de carteira padrão Blockchain.info para fazermos isso, mas é semelhante também em outras plataformas:

1) Crie uma nova carteira ou faça login na sua carteira atual Blockchain.info .

2) Procure no canto inferior direito um botão que diz "Papel/Paper".

3) Reentre sua senha.

4) Imprima a carteira de papel exibida.

5) Exclua quaisquer versões da carteira que possam ter sido salvas no seu computador no processo de impressão.

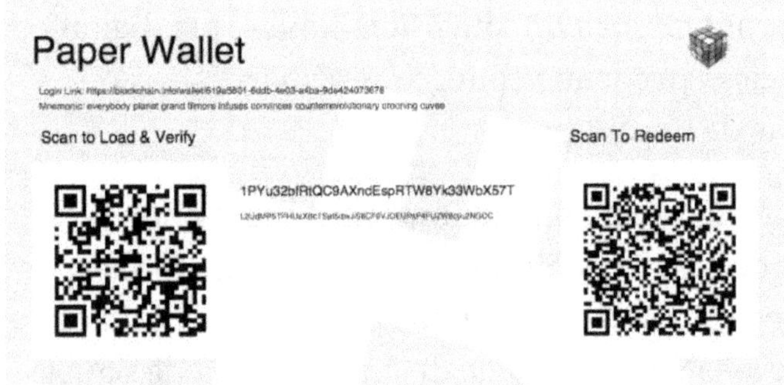

Como estamos usando esta carteira de papel para armazenamento frio, e não como uma "carteira quente", abordaremos como você pode adicionar mais fundos à carteira aqui. O processo de usá-la para fazer compras é semelhante, mas não é importante para nossos propósitos aqui.

Para adicionar mais fundos às suas economias na carteira de papel:

1) Entre na Blockchain ou em qualquer carteira baseada na Web ou em software que você usar.

2) Crie uma nova transferência.

3) Digite o endereço público mostrado na sua carteira de papel.

4) É isso aí!

Há muito o que apreciar em ter uma versão analógica da sua carteira Bitcoin. Não há nenhuma falha de software ou hardware com que se preocupar. Não há ataques cibernéticos que possam tocá-la. Em um mundo digital, às vezes o mais seguro que você se sente é quando deixa de confiar em segurança digital. Acontece que isso é ainda mais verdade quando se lida com uma moeda que só existe no mundo digital!

Uma Nota de Cuidado
É geralmente aceito que não é seguro gastar Bitcoins localizadas na carteira de papel usada para armazenamento frio. É fácil, mas coloca você em risco, pois todas as transações revelam um pouco mais sobre a carteira que você está usando. Quando se trata de armazenamento frio, isso pode ser potencialmente catastrófico.

CARTEIRAS DE HARDWARE
Nos últimos tempos, as carteiras de hardware offline se tornaram cada vez mais populares. Estes dispositivos

facilitam manter as Bitcoins em armazenamento frio sem ter muito conhecimento técnico.

É claro que existem opções que permitem gastar bitcoins com mais facilidade, mas, em geral, as carteiras de hardware são vistas como um método de armazenamento frio que não estará conectado à Internet ou mesmo a um computador a maior parte do tempo.

Por Que Escolher Uma Carteira de Hardware?
As carteiras de hardware oferecem muitos benefícios quando se trata de segurança e armazenamento de longo prazo. Por exemplo, suas chaves privadas são armazenadas em uma parte separada do dispositivo e, para a maioria das carteiras de hardware, é impossível transferi-las para fora do hardware. Isso significa que não há como alguém extrair sua chave privada. Isso também significa que ela é totalmente imune a vírus de computador projetados para roubar bitcoins de carteiras alojadas em sistemas de computador.

TREZOR

A TREZOR é, de longe, a carteira de hardware mais comumente recomendada, e por boas razões. Basicamente, este pequeno dispositivo é um computador diminuto que lida com suas chaves públicas e privadas e mantém você em segurança. O incrível é que suas chaves privadas são sempre mantidas em segurança. Teoricamente, você pode até conectar o TREZOR a um computador infectado e, mesmo assim, suas moedas ainda estarão seguras!

Você precisará se conectar à carteira da Web para transferir moedas, mas, como conversamos, é totalmente seguro. Se você estiver usando isto como um método de armazenamento frio, não deve ser uma grande preocupação.

Algum Motivo Para Se Preocupar?
Como sempre, raramente pode haver um dispositivo 100% seguro para armazenar Bitcoin. Dito isto, as carteiras de hardware são, de longe, das mais seguras.

Em teoria, o processo de produção e envio pode ficar comprometido e ter backdoors instalados, mas isto é incrivelmente improvável.

Você também deve ter cuidado com fabricantes desconhecidos. Por ter um gerador de números aleatórios inseguro ou por falta de segurança adequada do software, você pode ser colocado em risco. Certifique-se de sempre comprar de vendedores e fabricantes respeitáveis, e você pode fazer muito para evitar desastres no que diz respeito às suas Bitcoins.

Armazenamento Offline do Computador

A maneira final de manter bitcoins no armazenamento frio envolve a instalação do software da carteira Bitcoin em um computador off-line, não conectado à Internet. Este método é um pouco mais complexo, mas também é o mais seguro, caso você pretenda quase sempre receber fundos e raramente enviá-los. Para um armazenamento verdadeiramente de longo prazo, esta é a melhor opção.

Para fazer isso, você usará um programa como o Bitcoin Armory. Existem outras opções por aí, mas muito poucas são tão recomendadas quanto esta.

Usando Bitcoin Armory

NOTA: As carteiras off-line exigem que você tenha o Bitcoin Armory definido no modo "Expert" ou "Advanced". Se você não alterou as configurações desde a instalação, o programa será definido como "Avançado" por padrão.

1) Primeiro, você precisará instalar o Bitcoin Armory em um computador que não esteja conectado à Internet. Isto pode ser feito colocando o instalador em uma unidade USB.

2) Crie uma nova carteira nesse computador.

3) Para criar o que é chamado de Cópia Somente de Visualização/Watching-Only Copy, clique na opção no menu à direita do programa.

4) Salve a nova carteira em uma unidade USB e conecte-a a um computador com conexão à Internet.

5) Abra o Bitcoin Armory e selecione a opção Importar Carteira/Import Wallet e escolha a opção que diz "Esta Carteira é Minha/This Wallet Is Mine".

Agora você tem uma carteira configurada mais ou menos em dois computadores. A carteira está alojada principalmente no computador off-line, mas este sistema cria uma maneira de visualizá-la e enviar fundos para ela com o computador que possui uma conexão com a Internet.

O computador on-line pode ser usado como qualquer outra carteira de software, mas você não pode gastar bitcoins com ela. Para receber fundos, clique em Receive Bitcoins e o endereço é gerado para você.

É isso! Agora você tem uma carteira offline protegida contra hackers, mas você ainda pode ficar de olho nela e adicionar novos fundos. Para economia e armazenamento a longo prazo, este é, de longe, o melhor método para proteger suas moedas.

Sobre Seu Computador Off-line

Há uma coisa que pode tornar seu armazenamento offline ainda mais seguro: Usando um computador que nunca foi conectado à Internet. Isto é chamado de computador "air gapped/isolado/no vácuo" e garante que não haja registro on-line deste computador em nenhum lugar e que seria impossível alguém ter informações sobre ele. Você também pode remover fisicamente a placa wireless, o módulo Bluetooth e a porta Ethernet, se houver uma. Isso nem sempre é necessário, mas é algo que você deve ter em mente, se quiser ter certeza de que nunca terá problemas.

Carteiras Bitcoin

Isto é basicamente tudo o que você precisa para começar a armazenar bitcoins com segurança, mas existem muitos outros métodos para os quais não temos tempo aqui. Isso pode até significar ter uma carteira gravada em metal, se você quiser levar a sério a maneira como armazena sua carteira.

Para o total iniciante, você provavelmente desejará começar com uma carteira baseada na Web em uma bolsa. A partir daí, você poderá configurar uma carteira de software ou hardware para maior segurança, quando estiver mais confortável com o funcionamento da Bitcoin.

Vamos agora continuar e colocar Bitcoin de verdade na sua carteira! Comprar Bitcoin não precisa ser tão complicado quanto poderia parece, e nós mostraremos a você cada passo do caminho.

Capítulo 5. Comprando Bitcoin

Neste capítulo, exploraremos como você pode colocar as mãos em algumas Bitcoins (falando figurativamente, é claro). Até o final deste capítulo, você possuirá algumas Bitcoins. Isso é legal!

Essencialmente, existem duas maneiras principais de comprar Bitcoin. Você pode comprar Bitcoins de grandes bolsas, o que você poderia considerar "bancos de Bitcoin", de certa forma, ou pode comprar diretamente de outros usuários de Bitcoin.

Principais Bolsas On-line

Assim como trocar uma moeda por outra, as principais bolsas facilitam trocar a moeda fiduciária (dólares, euros, etc.) por criptomoedas digitais, como a Bitcoin. É muito parecido com o modo como você obteria moeda estrangeira por sua moeda local, em uma troca FOREX numa casa de câmbio.

Essas bolsas também servirão para transformar Bitcoin de volta à sua moeda local para comprar produtos e serviços que não aceitam Bitcoin. Até a Bitcoin chegar a um momento em que você puder usá-la para tudo, estas trocas são incrivelmente importantes.

Se você está comprando Bitcoin nos Estados Unidos, Coinbase ou Kraken são, provavelmente, as bolsas mais fáceis de configurar e financiar através de dólares americanos. Na Europa, o BitStamp tem uma grande reputação por trabalhar com bancos europeus. Todas essas bolsas são bem estabelecidas, sendo líderes em segurança, reconhecidas pela indústria.

Este é um livro para iniciantes, por isso não nos aprofundaremos em todas as bolsas possíveis que você possa usar. Também não podemos cobrir quais bolsas são melhores em outros países do mundo. Nem é preciso dizer, faça sua própria pesquisa.

Como com relação a qualquer tecnologia Bitcoin de terceiros, certifique-se de não manter muita Bitcoin em nenhum lugar. Plataformas de terceiros são vulneráveis. Mantenha apenas uma pequena quantidade na sua carteira de câmbio em qualquer momento, mantendo o restante de sua Bitcoin em armazenamento.

CONFIGURAÇÃO

Tudo o que você precisa fazer para criar uma conta em uma grande bolsa e começar a comprar e vender Bitcoin é:

1) Forneça informações básicas sobre você.

2) Abra um email de ativação para confirmar sua conta.

3) Conecte métodos bancários para começar.

A maioria das grandes bolsas aceitará alguns métodos diferentes:

- Depósitos Bancários/Cheques Administrativos
- Cartões de Crédito
- Cartões de Débito
- Transferências Bancárias

Por que escolher uma grande bolsa?

Existem muitas razões para escolher um dos maiores provedores.

Primeiro, eles podem ser confiáveis em quase todos os casos. Uma empresa como a Coinbase, por exemplo, construiu uma reputação de ser uma fonte confiável para comprar e vender Bitcoin. Há muito pouco motivo para se preocupar com você não receber a Bitcoin solicitada.

Você também conseguirá o melhor preço em muitos casos. As bolsas normalmente cobram uma pequena taxa, mas a compra e a venda são baseadas em uma taxa de câmbio mais padronizada do que nas transações ponto a ponto.

Verificação KYC

As bolsas de Bitcoin exigem algo chamado processo de verificação Know-Your-Customer/Conheça Seu Cliente. Isto significa que você precisará fornecer informações pessoais que confirmam sua identidade; é vital manter registros para que a bolsa possa evitar fraudes e atividades criminosas.

Confirmação de Número de Telefone

Seu número de telefone é incrivelmente importante para uma bolsa de Bitcoin. Isto serve para provar que você tem acesso a um telefone, mas também é vital para a autenticação de dois fatores. Sempre que você tenta fazer login ou fazer uma transação, um código é enviado ao seu telefone para verificar se foi você quem fez a solicitação. Se alguém tiver acesso ilegal à sua conta, essa verificação por SMS os impediria de fazer transações.

CARTEIRA DE MOTORISTA / VERIFICAÇÃO DE IDENTIDADE

Em seguida, você precisará provar sua identidade, enviando um documento de identificação. Dependendo da bolsa e da quantidade de dinheiro que você está trocando, isto pode variar.

A maioria das trocas exige que você envie uma cópia da sua carteira de motorista ou carteira de identidade emitida pelo seu estado. Para a maioria das pessoas, isto é suficiente. Se você é alguém que está trocando uma grande quantia, também pode enviar contas de serviços públicos ou passaportes.

Novamente, tudo isso é para garantir que você e a bolsa estejam adequadamente protegidos contra problemas legais no futuro.

Dependendo da bolsa, este processo de verificação pode levar de algumas horas a alguns dias. Isso desanima algumas pessoas quando elas querem se apressar e começar a comprar Bitcoins, mas é fundamental para a conformidade com o governo e para evitar crimes de colarinho branco.

Algo Para Se Preocupar?

O único problema com o qual algumas pessoas se deparam é que há limites para o valor que você pode comprar a qualquer momento. No entanto, isto dependerá do método de pagamento que você estiver usando. Os cartões de débito geralmente têm limites semanais ou diários muito mais baixos do que as transferências bancárias / eletrônicas.

Para mais informações sobre trocas específicas, consulte:

http://howtobuybitcoins.info

Ou

http://coindesk.com/information/how-can-i-buy-bitcoins

Bolsas Exclusivas de Criptomoedas

Existem muitas bolsas que não oferecem uma opção para moedas fiduciárias (dólar, euro, etc.). Obviamente, estas bolsas não são ideais para um iniciante, mas estão ganhando popularidade entre os usuários que já possuem Bitcoin.

A maior bolsa do mundo atualmente, a Binance, é uma dessas bolsas sem opções fiduciárias.

Esses tipos de trocas permitem negociar Bitcoin por outras criptomoedas - como Ethereum, Litecoin, Dash ou outras altcoins de que você possa ter ouvido falar. Existem, literalmente, centenas de outras moedas lá fora, além da Bitcoin.

Diversificar suas participações em criptoativos pode ser uma jogada inteligente, especialmente se você encontrar um projeto promissor em que acredita. Assim como com Bitcoin ou qualquer outro criptoativo, tenha cuidado no que investe. Qualquer projeto, incluindo Bitcoin, tem chance de chegar a zero. Nunca aposte mais do que pode perder.

Uma Nota sobre Segurança de Bolsa

Nenhuma plataforma online é perfeita e nenhuma será 100% segura. Felizmente, a tecnologia progrediu e permitiu que as bolsas se tornassem cada vez mais seguras a cada novo avanço. Embora tenha havido violações no passado, fazendo a pesquisa correta em empresas específicas nas quais você está interessado, você pode se proteger o máximo possível.

Ponto-a-Ponto

O mais bonito da Bitcoin é que ela não depende de nenhum vigia. Ninguém está no controle de quem pode ter acesso a ela; então, comprar Bitcoin diretamente de seus pares é possível, de formas que você raramente consegue com outras moedas tradicionais.

Enquanto as bolsas que operam com fins lucrativos exigirão que você use uma de suas limitadas opções de pagamento, as transferências ponto a ponto significam que você pode decidir como pagar. É claro que dependerá da pessoa de quem você está comprando a Bitcoin, mas qualquer método de pagamento é possível: transferências bancárias, pagamentos em dinheiro /

pessoalmente, PayPal, depósitos bancários diretos e muito mais.

De longe, o mais popular dos intercâmbios ponto a ponto é o LocalBitcoins. No LocalBitcoins, você pode conhecer pessoas próximas interessadas em vender Bitcoin. Então, você pode negociar com eles on-line ou pedir para se encontrar pessoalmente para trocar Bitcoin por dinheiro.

Por Que Escolher Transferências Ponto A Ponto?

Para aqueles que estão mudando para Bitcoin pelo anonimato, as transferências ponto a ponto são uma opção ideal. Não há documentos a serem enviados e não há necessidade de provar sua identidade ao comprar bitcoins diretamente de outro usuário. Também não há outro limite além do quanto uma única pessoa está disposta a vender de cada vez.

Por Que Não?

As compras ponto a ponto podem não ser tão simples quanto clicar em alguns botões do computador em uma bolsa importante, mas ainda são uma ótima opção para muitas pessoas. Vale ressaltar, no entanto, que o preço pode variar drasticamente. Alguns usuários podem solicitar uma alta margem no preço de mercado, por isso é importante comparar e ver quais ofertas você pode encontrar.

Uma Nota Sobre Segurança e Proteção

É importante observar aqui que segurança é fundamental quando você compra Bitcoin de alguém que conhece na Internet. Houve casos documentados de pessoas sendo roubadas quando se reúnem para trocar dinheiro, portanto, esteja sempre ciente dos riscos de qualquer transação que você faça pessoalmente. A maioria das pessoas está disposta a aceitar transferências bancárias ou mesmo transferências do PayPal, em vez de reuniões presenciais.

A maioria dos sites de intercâmbio também terá um sistema de reputação. Isto permite que você veja como foram as compras e as vendas passadas e o que seus pares têm a dizer sobre isso. É muito mais fácil julgar a segurança de uma transação em potencial quando você pode ver como eles lidaram com transações no passado.

Você pode encontrar mais informações e pessoas que desejam trocar Bitcoin acessando:

https://localbitcoins.com

http://gemini.com

http://bitstamp.net

http://kraken.com

Comprando Bitcoin

Agora que você entende como colocar suas mãos em Bitcoin, é hora de aprender a usá-la. A boa notícia é que comprar Bitcoin é a parte mais complicada! Depois de ter Bitcoin na sua carteira, você pode transferi-la facilmente para outros usuários e gastá-la como dinheiro.

Capítulo 6. Usando Bitcoin

Por um longo tempo, a Bitcoin parecia uma forasteira, e poucas pessoas realmente entendiam como poderiam usar Bitcoin. Nos últimos anos, mais e mais empresas começaram a aceitar Bitcoin, mas também existem muitos serviços que tornaram mais fácil do que nunca usar Bitcoin em sua vida cotidiana.

COMPRAS ON-LINE

As compras online são, de longe, a maneira mais comum de gastar Bitcoin e a maneira original para a qual foram usadas.

Compras on-line com Bitcoin simplesmente exigem que você tenha uma carteira com Bitcoin. Simples assim!

Para fazer isto, tudo o que você precisa é de uma carteira e o endereço da pessoa da qual você está comprando algo. Basta copiar e colar o endereço da carteira e inserir a quantidade exata de Bitcoin que você precisa enviar.

Você acabou de pagar instantaneamente por algo com Bitcoin!

Claro, verifique se é alguém em quem você confia. Lembre-se, as transações Bitcoin não podem ser revertidas. Verifique se o fornecedor tem um bom histórico de envio de produtos após o recebimento de Bitcoins. Caso contrário, você poderá não receber o item e não terá recurso.

LOJAS QUE ACEITAM BITCOIN
O número de lojas que aceitam Bitcoin cresceu exponencialmente nos últimos anos, mas muitas pessoas ainda não estão totalmente cientes de como isto realmente funciona.

A maneira mais comum de pagar nas lojas é usar o aplicativo móvel da sua carteira para enviar Bitcoin diretamente para o endereço delas, como um pagamento em dinheiro. Isso pode ser tão fácil quanto digitalizar um código QR, e está tudo pronto!

No entanto, existem algumas lojas que fizeram a atualização para usar um serviço de ponto de venda que aceite Bitcoin. Embora isso não seja tão comum, você pode ter ainda mais maneiras de pagar com Bitcoin em suas lojas físicas favoritas!

B

"O Coinmap é seu amigo por isso. Vá para CoinMap.org e você pode encontrar lojas perto de você que atualmente aceitam Bitcoin. Fique de olho nos sinais "Bitcoin

Accepted Here/Aceita-se Bitcoin" enquanto estiver pesquisando. Você ficará surpreso com quantos lugares se juntaram ao futuro."

Cartões de Débito Bitcoin

Ao longo dos anos, você sem dúvida se acostumou a usar um cartão de débito para pagar por itens em lojas, caixas eletrônicos, restaurantes e lojas on-line. É o símbolo do comércio moderno. Para alguns, é isso que faz a Bitcoin parecer tão estranha. É um novo processo que é bem diferente do que sempre usamos para compras. Bem, felizmente, existem muitas empresas que agora oferecem cartões de débito que funcionam da mesma forma que os tradicionais, exceto que estão conectados à sua carteira Bitcoin.

CRYPTOPAY

O CryptoPay é um dos mais antigos fornecedores de cartões de débito Bitcoin. Eles oferecem um cartão de débito baseado em chip ou PIN que pode ser usado em qualquer lugar do mundo que aceite cartões VISA. No momento da redação deste documento, você pode solicitar um cartão e nem precisa fornecer prova de identificação. É fácil assim!

Confira http://CryptoPay.me para obter mais informações.

Para clientes nos EUA, este foi o primeiro cartão de débito disponível e possui uma das melhores reputações que você encontrará. A Coinbase agora oferece o cartão de débito Shift Bitcoin em 41 estados, em junho de 2017. Cada vez que você faz uma compra, a Coinbase retira os fundos necessários da sua carteira Bitcoin para corresponder ao valor em dólar da compra.

Este cartão Visa é fornecido pela Shift em coordenação com a Coinbase, então vá para http://shiftpayments.com para descobrir se você pode receber um em seu estado.

Usando Bitcoin

Está vendo? Bitcoin é mais fácil de usar do que você provavelmente pensou. Está se tornando cada vez mais fácil usar Bitcoin todos os dias.

Infelizmente, resta um grande desafio para o uso de Bitcoins em pequenas transações diárias: as taxas. Toda transação, por menor que seja, geralmente precisa pagar uma taxa para os mineiros para ser incluída no próximo bloco. Se você estiver fazendo apenas pequenas transações nas lojas, essas taxas poderão aumentar com o tempo. Este é um grande obstáculo no caminho da adoção da Bitcoin. Se a Bitcoin quiser ser útil para transações pequenas e comuns, essas taxas precisarão cair significativamente.

Com o aumento das taxas que tornam a Bitcoin inviável para transações comuns, a maior parte da excitação atual em torno da Bitcoin é o investimento. Uma tecnologia como a Bitcoin pode atrapalhar todo o setor financeiro. Como tal, o valor da Bitcoin está aumentando. Muitos afirmam que é melhor você segurar sua Bitcoin e observar seu valor subir.

Capítulo 7. Investindo em Bitcoin

Algo que muitas pessoas buscam é ter uma quantia de dinheiro guardada que esteja trabalhando por elas, dando retornos sem muito esforço. A maioria das pessoas faz isso investindo em uma conta de aposentadoria ou escolhendo ações que consideram boas apostas a longo prazo, dando a elas uma renda estável.

Com a invenção da Bitcoin, um novo método de investimento surgiu. Investir em Bitcoin e outras criptomoedas pode ser mais rentável do que o investimento tradicional. Mas não sem seus riscos.

Investimento de Longo Prazo

As pessoas pensam em ações, imóveis ou ouro para investimentos a longo prazo, mas e se houver uma força perturbadora surgindo que tenha vantagens sobre os três? É exatamente isso que a Bitcoin pretende ser.

Alguns anos atrás, a Bitcoin foi comprada por apenas 8 centavos de dólar. Agora, Bitcoins valem mais de US $ 11.000. (NT: Cotação atualizada de 27/04/2020 = US $ 7.717). Estes retornos maciços são incomparáveis com qualquer outro investimento no mercado hoje. Este tipo de aumento rápido provavelmente não acontecerá novamente, mas há um argumento razoável de que a Bitcoin continuará a crescer.

B

"A maneira mais segura é investir com planos de mantê-la a longo prazo ou, pelo menos, deixar Bitcoins de lado para esse fim."

O objetivo, então, deve ser comprar Bitcoin com planos de estar no jogo pelos próximos anos. Isso pode realmente ser um investimento benéfico? Podemos confiar que a Bitcoin subirá? E essas variações selvagens sobre as quais sempre ouvimos?

B

"Para entender o investimento em Bitcoin, há algumas coisas a serem abordadas que são importantes. Nós lhe daremos mais materiais para ler no final, então fique conosco e eu vou levá-lo na direção certa."

Preço Máximo

É difícil dizer onde a Bitcoin pode chegar. O CEO da ShapeShift acredita que, em 2021, o mercado de criptomoedas terá aumentado para dez vezes o tamanho em 2017. O que isso significa para a Bitcoin?

O futuro é uma incógnita. Com crescimento contínuo, o preço continuará subindo. Quanto maior a demanda, maior o preço. Realmente é tão simples quanto isto. Mesmo que o crescimento da Bitcoin diminua nos próximos anos, uma demanda contínua resultará em ganhos incríveis para alguém que esteja pronto para mantê-la a longo prazo.

Compreendendo as variações

Esta talvez seja a seção mais longa deste capítulo, e por boas razões. As oscilações são uma das coisas mais importantes a entender, se você deseja investir em Bitcoin. Ao entrar em pânico, você venderá quando deveria ter segurado, arriscando muitos ganhos em potencial no futuro.

Existem várias razões pelas quais as oscilações acontecem e a Bitcoin permanece volátil.

ADOÇÃO E INVESTIMENTO
Adoção e investimento estão na vanguarda das notícias sobre Bitcoin, ultimamente. Isto tudo normalmente acontece nos ciclos de alta e queda exagerados (boom & bust), nos quais a Bitcoin aumenta e diminui acentuadamente, dependendo do que está acontecendo nos mercados.

As taxas de adoção aumentarão e diminuirão exatamente como o preço. Ao passar por períodos de rápida adoção, o preço aumentará. Quando as taxas de adoção diminuem, o preço cai. Isto é difícil de prever, dificultando a negociação diária com base nisso. O investidor médio não deve tentar "cronometrar o mercado", comprando na baixa e vendendo na alta. Se você acredita em Bitcoin e blockchain como o futuro da moeda, compre Bitcoin e segure.

O investimento também é muito importante para entender as variações. À medida que os principais players do mundo financeiro investem em Bitcoin, isso, às vezes, leva a incríveis aumentos de preço. Por exemplo, JP Morgan, Goldman Sachs e American Express investiram recentemente em empresas relacionadas à Bitcoin. Isto não apenas leva a grandes compras de Bitcoin, aumentando o preço, mas também leva a mais adoção, pois as pessoas veem especialistas demonstrando interesse nas tecnologias Bitcoin e na Bitcoin.

MÁS NOTÍCIAS

A má imprensa pode prejudicar seriamente as taxas de adoção e levar a um fluxo de preços. A cada declaração do governo ou violação de segurança, o preço pode variar, independentemente do que as notícias realmente signifiquem no momento.

Em outubro de 2013, por exemplo, a Silk Road foi fechada pelo FBI por vender drogas e armas online. Com a apreensão da Bitcoin amplamente divulgada, o público ficou preocupado com o fato de que era exatamente para isso que a Bitcoin era feita. Como resultado, os preços despencaram, temporariamente.

O mesmo pode ser dito para a história da Mt. Gox, sobre a qual falamos anteriormente neste livro. No início de

2014, ela fechou e, novamente, vimos uma grande oscilação no preço da Bitcoin.

A Bitcoin flutua rotineiramente em torno de 2%, em um dia médio. Embora isso seja algo para o qual a maioria das pessoas não prestará muita atenção, pode ser muito maior em torno das reações negativas da imprensa ao investimento em Bitcoin.

BOAS NOTÍCIAS

Boa publicidade é boa para todo o ecossistema Bitcoin, mas é vital para quem procura investir em Bitcoin. A cada história sobre uma inovação tecnológica, os técnicos aprendem um pouco mais. Toda história sobre um banco que investe em Bitcoin leva outras empresas de investimento a analisá-lo. Toda história local sobre um negócio que usa Bitcoin leva outros a fazer o mesmo.

Pesquisas recentes sugeriram que este fator pode não ser tão grande quanto más notícias. De qualquer forma, com todos os artigos positivos publicados, mais pessoas ficarão cientes da Bitcoin. A adoção impulsiona a Bitcoin e garante um crescimento contínuo.

MELHOR QUE AS AÇÕES?

Para a maioria das pessoas, o investimento em ações sempre foi o caminho para obter ganhos a longo prazo, e continua sendo o método testado e verdadeiro de investimento.

A questão central é se a Bitcoin será considerada mais importante do que os investimentos em ações. Muitos especialistas financeiros agora sugerem que é uma aposta melhor do que o ouro como reserva de valor fora do sistema financeiro tradicional.

A principal maneira de encarar a Bitcoin como algo melhor que as ações é de ela ser uma forma de "moeda" em e por si só. Pense em investir em ações. Você pode manter em seu portfólio pelo tempo que desejar. Você, então, usa um corretor para vender as ações e pode usar este dinheiro para pagar pelas coisas.

Com a Bitcoin, tudo o que você precisa fazer é gastá-la. Não há nada no meio que o impeça de investir em Bitcoin e usá-la quando necessário. De fato, a Bitcoin que você mantém em sua carteira diária terá os mesmos retornos da que é mantida em armazenamento frio.

B

"Essencialmente, isto significa que apenas possuir Bitcoin é o mesmo que investir nela. O mesmo não pode ser dito para ações. Até o dia em que você puder pagar suas compras com ações (o que nunca acontecerá), você terá uma vantagem distinta ao investir em Bitcoin."

Isto pode não ser bom para pessoas que não negociaram no mercado financeiro antes.

Se você não tem experiência com investimentos de curto prazo, vale a pena dar uma breve explicação aqui para que você entenda do que estamos falando, e de quão diferente é a participação de longo prazo.

Negociação de curto prazo significa que você compra Bitcoin a um preço baixo e o vende a um preço mais alto, apenas para fazer tudo de novo. Isto gera um lucro a cada vez, tirando proveito de alterações diárias ou até durante o dia no preço da Bitcoin. As pessoas fazem isso com ações tradicionais quando um grande evento ou mudança vai acontecer, para que possam obter um lucro rápido e depois investi-lo em outros empreendimentos de natureza semelhante. Tem sido sempre uma prática comum também com a Bitcoin.

A volatilidade da Bitcoin a torna uma excelente candidata para uma estratégia de negociação de curto prazo. Embora as oscilações diárias tenham uma média de cerca de 2% no geral, oscilações muito maiores ocorrem em torno de determinados eventos e nos ciclos de boom & bust.

Você também pode negociar com outras criptomoedas. Há muitas moedas alternativas por aí, e elas tendem a ganhar muito ímpeto antes de, eventualmente, perder o suporte de seus apoiadores.

É tentador pensar que você poderá cronometrar os mercados e obter lucro nas negociações a curto prazo. Infelizmente, pesquisas e experiências nos mostraram que isso não é verdade. As criptomoedas estão em um mercado em alta agora, e comprar e manter Bitcoin e outras moedas é a melhor maneira de investir nelas.

ALGUM MOTIVO PARA NÃO INVESTIR?

Os analistas de investimentos ainda são cautelosos ao recomendar a Bitcoin como investimento. Existem algumas razões para isso, embora elas dependam amplamente de quanta fé você tem na economia Bitcoin. Para aqueles que pressionam pela inovação tecnológica, estas podem não ser as principais preocupações, pois podem ver as implicações da adoção a longo prazo.

Primeiro, não é garantida por nada, da maneira que as moedas fiduciárias tradicionais são. A moeda fiduciária é apoiada por algo de valor tangível ou pela boa-fé em um governo. Em vez disso, a Bitcoin vale o que as pessoas acham que vale. Isto significa que pode ser muito mais inconstante e desregulada, o que pode assustar alguns investidores em potencial e gerar adoção mais lentamente.

Eles também não são negociadas em Wall Street, tornando-a um pouco mais complicada. Isto torna seu trading mais intensivo do que o investimento regular, levando a uma percepção de que é muito complexo. Como você precisa fazer mais do que se estivesse investindo em métodos tradicionais, pode ser necessário um nível maior de atenção e tempo para aprender. Com este livro, no entanto, você está em um ótimo lugar para começar.

Em seguida, há o problema da regulamentação. No momento da redação deste livro, os governos têm sido relativamente lentos em aprovar regulamentos que tornariam possível fazer a Bitcoin um método de investimento ao lado de outros fatores econômicos. Os famosos gêmeos Winklevoss tentaram lançar um ETF (fundo de investimentos negociado em bolsa de valores) baseado em Bitcoin, mas foram rejeitados pela SEC (NT: SEC americana equivale à CVM - Comissão de Valores Mobiliários brasileira). A partir de agora, a Bitcoin pode ser um grande investimento, mas pode não ser amplamente adotado como tal até que sistemas melhores sejam implantados.

Mesmo se você acredita que a Blockchain é a próxima grande revolução tecnológica, a Bitcoin pode não ser necessariamente a vencedora. Agora existem centenas de criptomoedas, com muitas delas competindo para derrubar a Bitcoin do seu trono. Qualquer pessoa que invista em Bitcoin também seria sensata em diversificar suas participações em criptomoedas com outras moedas importantes.

Lembre-se, Bitcoin e outras criptomoedas são extremamente voláteis. Você precisará de um estômago forte para investir. Você também precisará estar ciente de que investir é uma atividade de alto risco. Especialmente em criptomoedas, nunca invista mais do que você pode perder.

Investindo em Bitcoin

Agora você tem uma idéia do que é investir em Bitcoin. Armado com estas informações, você pode começar a tomar decisões sobre se e como gostaria de investir no Bitcoin.

Isto é tudo o que abordaremos sobre o investimento neste livro, mas se o investimento em criptomoeda realmente lhe interessar (e você gostaria de descobrir como começar), recomendo que você leia meu livro, **"Bible Investing em Criptomoeda"** (https://geni.us/cripto-biblia). Este livro cobre tudo o que você precisa saber sobre como entrar no mercado de criptomoedas hoje, incluindo 7 estratégias de investimento em criptomoeda.

Capítulo 8. Bitcoin para negócios

Comprar e gastar bitcoins é ótimo quando você entende como funciona, mas se você é dono de uma empresa, tem uma oportunidade totalmente diferente aberta para você. Se isso parece com você, mostraremos exatamente como você pode começar a aceitar e usar a Bitcoin como parte de seus negócios.

Neste capítulo, você aprenderá como pode acolher esta nova tecnologia em seu modelo de negócios e reunir todos os usuários que estão à procura de colegas entusiastas!

Por Que Bitcoin?

Todos sabemos como os usuários de Bitcoin estão animados em encontrar novas empresas que aceitem suas moedas. Pode não ser uma surpresa se você chegou até aqui neste livro, mas um número incrível de problemas que as empresas enfrentam podem ser resolvidos com este novo avanço nas moedas digitais.

ELIMINAR FRAUDES

Se você já aceitou pagamentos com cartão de crédito, sabe como as cobranças podem ser frustrantes. Mesmo que você tenha CERTEZA de que o proprietário do cartão fez uma compra, você ficará ruborizado quando o fornecedor do cartão cobrar de você um pagamento "fraudulento", mesmo depois que você já tiver enviado o pedido. Fraudes como esta são um dos maiores problemas que os comerciantes on-line enfrentam.

B

"Assim que uma transação Bitcoin é iniciada, ela é enviada para todo a Blockchain, e todos no mundo podem ver que a transação aconteceu e foi concluída. Uma vez confirmada, não pode ser cancelada ou revertida."

Se necessário, você pode enviar um reembolso aos clientes, mas não há como eles possam iniciá-lo por conta própria. Isto significa que você nunca enfrentará um estorno e as taxas associadas a eles novamente e poderá ficar tranquilo, sabendo que, quando alguém paga, não pode retomar o pagamento assim que você concluir o pedido.

TAXAS MAIS BAIXAS

Você provavelmente já visitou uma empresa que não aceitava cartões de crédito para compras abaixo de um determinado valor. As taxas impossibilitam sua aceitação e, com toda a honestidade, inibem seus negócios como um todo. Não demora muito para as taxas de processamento de cartão de crédito se acumularem, e elas o farão.

Mais uma vez, a Bitcoin vem em socorro. De fato, muitas pessoas dizem que este é o principal motivo que os levou a aceitar Bitcoin em primeiro lugar, além de abrir até uma base de clientes totalmente nova, ansiosa por encontrar novos fornecedores que a aceitem.

B

> *"A taxa média de transação com cartão de crédito é de cerca de 2 a 4%, com algumas taxas extras adicionadas a esta taxa em muitos casos. Isso pode não parecer muito, mas se você estiver perdendo mais de 4% em cada transação, poderá ver a rapidez com que ela este valor aumenta."*

O BitPay, sobre o qual falaremos mais adiante neste capítulo, não cobra nenhuma taxa, mas exige que você tenha uma assinatura, que custa até US $ 300. Na realidade, isso não é nada comparado às taxas de cartão de crédito.

PAGAMENTOS RÁPIDOS PARA COMPRAS GRANDES OU INTERNACIONAIS

Às vezes, transações grandes ou internacionais podem levar muito tempo. Você pode esperar até mais de uma semana para confirmar e efetuar uma transferência internacional para sua conta. Toda vez que você passa por isso, parece que você nunca conseguirá realmente cumprir um pedido, certo?

A Bitcoin elimina completamente esse problema. Independentemente do tamanho ou da procedência do pagamento, você pode tê-lo na carteira e confirmado quase instantaneamente. No entanto, você deverá aguardar várias confirmações caso não esteja familiarizado com o cliente.

Para pequenas empresas, este é um grande avanço. Muitas empresas menores não aceitam compras internacionais, já que as taxas de transação e os problemas associados a elas são um aborrecimento para alguém sem uma grande rede de funcionários e recursos. A barreira invisível que as pequenas empresas enfrentam é completamente eliminada pela Bitcoin.

Histórico de Transações Transparentes

É importante que as empresas tenham um registro claro de todas as suas transações. Seja para visualização dos clientes ou para o Internal Revenue Service (IRS) (NT: Receita Federal americana), você precisa provar quais transações processou. Com a Bitcoin, tudo é aberto e, de fato, qualquer um pode dar uma olhada. Isso pode ser uma preocupação se você estiver receoso com privacidade, mas lembre-se de que falamos sobre como o endereço da sua carteira não o identifica especificamente.

Aceitando Bitcoin

Vamos nos aprofundar em como você pode fazer isso na realidade. Confie em mim. Não é tão difícil quanto você imagina. As pessoas têm trabalhado duro para tornar isto o mais fácil possível. Afinal, todo mundo quer ser o pioneiro na tecnologia comercial de Bitcoin.

Processamento de Pagamento

É fácil ficar perdido com todos os processadores de pagamento existentes, mas existem dois principais que, hoje em dia, a maioria das pessoas está usando: Coinbase e BitPay.

Vamos dar uma olhada em cada uma delas para ver qual delas poderia se encaixar melhor no seu negócio em particular.

COINBASE

A Coinbase é, provavelmente, um dos mais famosos processadores de pagamento Bitcoin do mundo. É realmente enorme, lidando com milhões de dólares em transações todos os dias. Agora eles estão trabalhando para se tornar o serviço número um dos proprietários de empresas.

Eles tornaram incrivelmente fácil trocar Bitcoin assim como moedas fiduciárias. Quando você começa a aceitar pagamentos Bitcoin, o Coinbase os converte automaticamente todos os dias. Isto significa que, no final do dia, todos os pagamentos recebidos são transferidos automaticamente para sua conta bancária em sua moeda nativa. Demora até três dias úteis para concluir a transferência, mas isto ainda é muito mais rápido do que receber pagamentos de processadores de cartão de crédito tradicionais.

Quanto às taxas, abordamos anteriormente, mas a Coinbase não cobra quaisquer taxas pelas suas primeiras transações, até o valor de US $ 1.000.000. Depois disso, você pagará apenas uma taxa fixa de um por cento por transação. Para a maioria das empresas, leva um tempo razoável antes de você atingir este nível de taxa, mas, mesmo assim, você economiza uma quantia incrível de dinheiro em comparação com outros métodos de pagamento que usados no passado.

O que os diferencia é que eles também implementaram uma plataforma de reembolso em sua API. Os pagamentos em Bitcoin, como já falamos, não são reembolsáveis e você calcula e envia os reembolsos manualmente. Com a nova plataforma da Coinbase, você pode reembolsar as transações tão facilmente possível como o faz com pagamentos com cartão de crédito.

Para saber mais sobre sua plataforma de comerciante, visite: *http://coinbase.com/merchants?locale-en*

BitPay

Após a Coinbase, o BitPay é um dos processadores de pagamento mais amplamente aceitos. Na verdade, este foi um dos primeiros processadores de pagamento a chegar ao mercado, estando em alta desde então.

Há muitas opções contidas nesta plataforma, o que facilita que as pessoas paguem você com Bitcoin o máximo possível. Eles podem digitalizar um código QR, copiar e colar um endereço de carteira ou simplesmente clicar em um link para pagar diretamente com o software Bitcoin. Independentemente do nível de experiência que eles têm com Bitcoin, eles poderão fazer compras e garantir que você seja pago.

Do seu lado, não poderia ser mais fácil. A maioria dos sistemas de carrinho de compras em uso pode se adaptar facilmente à sua plataforma Bitcoin, esteja você administrando uma loja on-line ou física. Para sites, é uma simples linha de código que pode alterar a maneira como você processa os pagamentos.

As lojas físicas poderão usar um aplicativo que aceite pagamentos ou o integre aos seus sistemas POS existentes.

O BitPay tem um benefício sobre o Coinbase, os pagamentos em Bitcoin são transferidos para a moeda fiduciária em tempo real, estando disponíveis em contas bancárias no dia seguinte. Isto é incrivelmente importante para empresas que lidam constantemente com fornecedores e precisam ter seus ganhos disponíveis o mais rápido possível. Esta é outra maneira pela qual o BitPay pode revolucionar seus negócios em comparação com pagamentos com cartão de crédito,

que podem levar mais de uma semana para chegar até
você.

Esse sistema de conversão está incluído no pacote
gratuito oferecidos às empresas que começam a aceitar
Bitcoin. É um ótimo negócio e é mais barato que o custo
de aceitar cartões de crédito. Como você também não
precisa ter nenhuma infraestrutura configurada, você
pode ir de zero a especialista em Bitcoin em pouco
tempo, sem nenhum custo para você.

Eles oferecem mais planos pagos se você começar a
exceder o plano gratuito. Eles incluem acesso a VPN,
integração com o QuickBooks POS e outros recursos. Os
planos Enterprise e Business adicionam muitos
recursos que se tornam cada vez mais úteis à medida
que sua empresa cresce. Se sua empresa já é um negócio
de maior porte, pode se beneficiar já começando com
um plano pago, mas o plano gratuito pode, pelo menos,
ser útil para se acostumar ao sistema e a seu
funcionamento.

Consulte http://bitpay.com/pricing para obter mais
informações sobre os diferentes planos e o que eles
podem oferecer a você como proprietário da empresa.

LOJAS ONLINE
As lojas online foram as primeiras a começar a aceitar
bitcoins e agora você poderá fazer parte do clube!

Basicamente, são necessárias algumas linhas de código
e você estará pronto. Existem muitos processadores de
pagamento Bitcoin por aí, e eles trabalharam duro para
tornar o mais fácil possível para você começar o seu
uso. Não apenas isso, mas muitas das plataformas de
comércio eletrônico mais populares já estão
configuradas também para integrar-se aos gateways de
pagamento Bitcoin.

B

*"Certifique-se de adicionar uma imagem"
Bitcoin Aceita Aqui "no seu site, para que as
pessoas saibam que podem usar Bitcoin.
Muitas pessoas procuram por isso quando
visitam um site, e é uma ótima maneira de
ajudar a divulgar a Bitcoin. Digamos que um
cliente veja que agora você está aceitando
Bitcoin, mas ele não havia se preocupado
muito com isso no passado. Se eles virem que,
agora, você está a bordo, eles podem repensar.*

LOJAS FÍSICAS
Para as lojas físicas, pode ser ainda mais fácil do que
aceitar bitcoins no seu site. Se você, atualmente, estiver
usando qualquer tipo de dispositivo inteligente
(telefone ou tablet) como um sistema POS , poderá
adicionar, rapidamente, a opção Bitcoin a ele, ficando
pronto para começar!

No entanto, se você estiver usando sistemas POS antigos, talvez seja necessário atualizar para algo mais novo ou reconsiderar como funcionará o processamento de pagamentos Bitcoin. Pode ser um pouco mais difícil manter seus livros atualizados sem isso.

B

"Assim como o selo no seu site, certifique-se de informar aos clientes que você está aceitando Bitcoin com um cartaz na janela e nos caixas!"

Bitcoin Para Empresas

Está vendo? Realmente não é tão difícil quanto você poderia ter pensado. Não é preciso muito para começar a integrar a Bitcoin ao seu negócio!

Capítulo 9. Mineração de Bitcoin

É hora de nos aprofundarmos um pouco na origem das Bitcoins. Com as moedas de papel tradicionais, os governos decidem quanto imprimir, e cuidam de tudo isso. Tudo o que você precisa fazer é ganhar e gastar. Com a Bitcoin, é um pouco mais complicado, pois não há governança central.

QUALQUER PESSOA PODE PARTICIPAR
A grande coisa sobre Bitcoin é exatamente isso. Não há controle central, sendo descentralizada por design. Com a mineração, isso significa que qualquer pessoa pode participar, se tiver as ferramentas certas e uma conexão à Internet que funcione.

O Que É Mineração De Bitcoin?

Então, as bitcoins são feitas quando um bit e uma moeda se amam muito...

Ok, sério, bitcoins precisam vir de algum lugar, certo? Essencialmente, vêm de uma série de cálculos de computador. É também isso que confirma as transações e mantém a rede segura.

Vamos falar sobre cada coisa que a mineração realiza.

PROTEGER A REDE

O trabalho mais importante da mineração de Bitcoin é proteger a rede Bitcoin. Quando um computador está minerando, está resolvendo um difícil quebra-cabeça criptográfico.

O quebra-cabeça é baseado no conteúdo do bloco atual. O computador de mineração cria um hash de todo o conteúdo do bloco. O hash do bloco, no entanto, precisa corresponder a certos critérios, antes que a rede o aceite. Assim sendo, o computador de mineração adiciona alguns caracteres aleatórios ao conteúdo do bloco e faz o hash novamente. Um computador de mineração faz isso milhares de vezes, tentando diferentes sequências de caracteres aleatórios até encontrar uma que corresponda aos critérios do quebra-cabeça.

Como o quebra-cabeça é muito difícil, qualquer pessoa que tente atacar a rede e alterar a Blockchain precisará de MUITO poder de computação para minerar blocos falsos mais rapidamente do que os mineradores reais estão minerando blocos genuínos. Este quebra-cabeça e os mineiros que trabalham nele protegem a rede.

CONFIRMAR TRANSAÇÕES

Quando alguém envia uma transação para a rede Bitcoin, os mineradores confirmam se a transação é válida antes de incluí-la em um bloco. Isso envolve vasculhar a Blockchain para garantir que as moedas envolvidas na transação ainda não tenham sido gastas em outros lugares.

GANHAR PRÊMIOS

Quem não gostaria de ganhar bitcoins apenas com um programa em execução no computador?

Acontece que muitas pessoas adorariam, e foi exatamente isso que aconteceu quando a mineração de Bitcoin começou a se tornar popular. Basicamente, você recebe uma recompensa por cada novo bloco que descobrir. As moedas são concedidas após a criação bem-sucedida de um novo bloco e, durante anos, esta foi uma das maneiras mais comuns de os entusiastas ganharem dinheiro construindo a rede.

Agora, a mineração de Bitcoin se tornou incrivelmente competitiva. A maior parte da mineração é feita por enormes operações de armazém de mineração na Rússia e na China. O que costumava ser um hobby para alguns se tornou um negócio. Infelizmente, isso significa que as pessoas comuns não ganharão dinheiro se juntando ao jogo da mineração. Agora é, simplesmente, competitivo demais.

B

"Você também receberá taxas de transação para cada transação que introduzir em um bloco na Blockchain. No futuro. é isso que

tomará o lugar das recompensas da minceração."

Hardware de mineração

Primeiro, vamos dar uma olhada no que considerar na definição do hardware de mineração Bitcoin.

CPU

No início da Bitcoin, a única maneira de minerar bitcoins era usando a CPU do seu computador. Foi assim que as coisas funcionaram no cliente original de Satoshi, e foi bastante eficaz no início. Ao longo dos anos, mineradores trabalharam para encontrar maneiras muito mais eficazes de minerá-las, e, agora, a mineração de CPU simplesmente não tem o poder de extrair eficientemente novas moedas a uma taxa que se mostrasse lucrativa.

Isto ocorre porque a CPU foi projetada principalmente para ser a unidade de tomada de decisão do seu computador. É responsável por lidar com os processos diários que estão sendo executados, em vez de fazer o trabalho pesado.

Existem algumas situações em que você ainda pode querer usar a mineração de CPU. Primeiro, você pode usá-la apenas para saber que está participando da rede. Pode não ser possível ganhar muito dinheiro com isso, mas você pode ficar tranquilo sabendo que está fazendo sua pequena parte para manter a rede funcionando e melhorar o futuro da Bitcoin.

Você também pode decidir ingressar em um pool de mineração - um grupo de usuários que agrupam seus recursos e compartilham as recompensas que recebem. Isto pode equilibrar seus retornos, combinando seu poder com o de outros usuários, mas ainda pode ser um impacto relativamente pequeno.

GPU

Enquanto a CPU é responsável pela tomada de decisão, a GPU é o verdadeiro cavalo de batalha do seu computador. A GPU lida com o processamento gráfico e executa as tarefas matemáticas muito complexas envolvidas na execução de vídeos.

Por esse motivo, a mineração de GPU é exponencialmente mais rápida que a mineração de CPU. De fato, pode ser até 100 vezes mais poderosa. É por isso que a mineração de GPU tornou-se a escolha preferida para os mineradores. Muitos instalarão um sistema que inclui várias unidades, para ter o equipamento de mineração mais poderoso possível.

É importante observar que as unidades da AMD têm provado ser mais eficientes no mais das vezes. Isto será algo que analisamos ao discutir como instalar sua plataforma de mineração.

FPGA

O próximo nível de mineração de Bitcoin veio com o advento dos sistemas FPGA, ou Matriz de Portas Programável em Campo. A Butterfly Labs lançou a primeira versão bem-sucedida disto, que é um hardware de mineração totalmente dedicado a esse único objetivo.

Este foi o começo do que conhecemos hoje como a indústria de mineração de Bitcoin. Estes dispositivos não têm a mesma potência de 100 vezes a transição da CPU para a GPU, mas vem com um aumento de cinco vezes, o que tornou a mineração de Bitcoin verdadeiramente rentável e eficiente. Usando muito pouca energia, são baratos de operar e fáceis de usar.

ASIC

A última invenção veio na forma de chips de circuito integrado de aplicativos específicos / Application-Specific Integrated Circuit chips, ou ASICs. Eles chegaram ao mercado pela primeira vez em 2013 e melhoraram drasticamente nos últimos dois anos. Estes dispositivos não podem fazer nada além de minerar Bitcoin. Não há outros processos exaurindo o poder de processamento, e você pode montá-lo em paralelo e deixá-lo trabalhar o tempo todo.

Considerando a energia necessária para executar um dispositivo ASIC, eles são quase incrivelmente poderosos em termos de mineração de bitcoins. Estes são os melhores dispositivos para minerar Bitcoin e acabar com CPUs, GPUs e FPGAs.

Este poder também significa que a mineração de Bitcoin está se tornando mais difícil a uma taxa muito mais rápida. Para algumas pessoas, isso significa que o ASIC é a única opção viável. Realmente depende de quais recursos você possui e o que deseja obter deles.

Com o atual ambiente competitivo na mineração de Bitcoin. é improvável que você ganhe dinheiro com a mineração. Não saia do seu emprego, mas poderia ser um hobby divertido.

Sobre A Dificuldade De Mineração

Falamos sobre a dificuldade da mineração, mas o que isso realmente significa? Bem, a rede se ajusta para ter uma descoberta consistente de novos blocos. Isto significa que quanto mais mineradores ingressarem na rede, mais ela aumentará a dificuldade de encontrar novos blocos. Isto também significa, por exemplo, que se uma grande quantidade de poder de processamento fosse subitamente retirado da rede, a dificuldade diminuiria drasticamente.

INSTALAÇÃO DE UMA PLATAFORMA DE MINERAÇÃO
A configuração de uma plataforma de mineração não precisa ser uma tarefa complicada; portanto, mostraremos o básico aqui para configurar o hardware de mineração.

Uma coisa a ter em mente, caso você decida ingressar em um pool (como discutiremos a seguir) é que eles, geralmente, têm seu próprio software.

Para outros, você precisará encontrar um software separado para transformar seu computador em uma plataforma de mineração. Vamos usar o CGMiner como exemplo.

1) Vá para   http://ck.kolivas.org/apps/cgminer/   e faça o download da versão mais recente do software de mineração.

2) Extraia o conteúdo do Zipfile e coloque-o em uma pasta onde será fácil encontrá-lo.

3) Crie um arquivo em lotes (usando as instruções do seu pool de mineração).

4) Inicie o CG Miner e verifique se ele detecta todas as suas GPUs, se você tiver mais de uma.

```
C:\cgminer\cgminer.exe

cgminer version 2.11.4 - Started: [2013-04-20 15:35:15]

(5s):670.6M (avg):696.5Mh/s | A:13504  R:137  HW:0  U:9.7/m  WU:9.8/m
ST: 2  SS: 1  NB: 174  LW: 14719  GF: 0  RF: 7
Connected to us2.eclipsemc.com diff 1 with GBT as user bitanalyst_worker
Block: 000ef522ecbad864...  Diff:8.97M  Started: [14:34:28]  Best share: 18.5K

[P]ool management [G]PU management [S]ettings [D]isplay options [Q]uit
GPU 0:                  | 319.0M/317.2Mh/s | A:6149 R:58 HW:0 U:4.39/m I: 2
GPU 1:                  | 383.2M/379.3Mh/s | A:7356 R:79 HW:0 U:5.26/m I: 2

[2013-04-21 14:52:50] Accepted e6d7fdcf Diff 1/1 GPU 1
[2013-04-21 14:53:10] Accepted 07bfdc8e Diff 33/1 GPU 0
[2013-04-21 14:53:16] Accepted a8c7de69 Diff 1/1 GPU 0
[2013-04-21 14:53:41] Accepted 6ff23295 Diff 2/1 GPU 0
[2013-04-21 14:53:42] Accepted 8ab4dd45 Diff 1/1 GPU 1
[2013-04-21 14:53:47] Accepted 53d6a818 Diff 3/1 GPU 0
[2013-04-21 14:54:03] Accepted 167998b8 Diff 11/1 GPU 0
[2013-04-21 14:54:04] Accepted 4f551a3d Diff 3/1 GPU 0
[2013-04-21 14:54:04] Accepted 15f70bde Diff 11/1 GPU 1
[2013-04-21 14:54:23] Accepted 29c0845b Diff 6/1 GPU 1
[2013-04-21 14:54:24] Accepted 713e5f36 Diff 2/1 GPU 0
[2013-04-21 14:54:25] Accepted a5432e05 Diff 1/1 GPU 1
```

POOLS/EQUIPES DE MINERAÇÃO

À medida que a dificuldade da mineração aumenta, mais e mais pessoas estão se voltando para os pools de mineração.

Para os mineiros que trabalham sozinhos, pode levar anos até que você gere um bloco e receba a recompensa. Os pools de mineração ajudam você a distribuir seus ganhos ao longo do tempo, uma vez que oferecem uma pequena porcentagem (com base no poder computacional que você contribuiu) de cada bloco que o pool resolve.

B

"Para resolver este problema, os mineradores reuniram seus recursos para que pudessem gerar blocos com mais eficiência e, portanto, ganhar melhores retornos. Isto também significa que as recompensas de bloco serão recebidas com mais regularidade."

PAGAMENTOS

Os sistemas de pagamento configurados pelos pools de mineração podem ser bastante complicados, mas aqui você encontrará o básico para começar sua jornada.

Existem vários métodos de pagamento.

PPS Pay Per Share / Pagamento Por Segmento: Esta metodologia de pagamento apresenta pagamentos instantâneos e garantidos para cada segmento de um bloco que um mineiro resolve. Isto é pago a partir do saldo do pool, podendo ser retirado imediatamente, mas também representa um risco para a pessoa que opera o pool em questão. Teoricamente, seria possível que todos se retirassem enquanto o pool geral está perdendo. Isto pode exigir que o operador tenha até 10k bitcoins apenas para se proteger.

-PROP: Esta é uma abordagem proporcional aos pagamentos, concedendo aos mineradores uma parte da recompensa da Blockchain para todos os membros, dependendo do número de segmentos encontrados para o pool.

-BPM: Isto é comumente chamado de "Piscina de Lama". Este é um sistema no qual é dado mais peso às ações que participam no final de um bloco, e não àquelas que podem mudar para um pool diferente.

Existem mais métodos de pagamento, mas estes são os mais usados. Para obter mais informações, você pode conferir os recursos de cada pool de mineração em que está pesquisando. Você já foi alertado sobre isto dúzia de vezes, mas sempre verifique se está fazendo a pesquisa certa e saiba no que está se metendo!

Onde Procurar

BTCC: Atualmente, este é um dos maiores pools de mineração do mundo, controlando cerca de 15% da taxa total de hash da Blockchain.

Slush Pool: De propriedade da Satoshi Labs, é frequentemente citado como um dos pools mais populares e respeitáveis do mercado. No entanto, muitas pessoas são céticas quanto a operações que se realizam em lugares como a República Tcheca.

BitFury: É, facilmente, um dos maiores pools, sendo também produtora de hardware de mineração. Infelizmente, porém, é privado e não permite a participação de ninguém fora do grupo. Mesmo assim, ainda vale a pena conhecer.

Bitcoin.com : Este é um dos maiores sites de Bitcoin do mundo e, agora, um dos pools de mineração mais rentáveis.

Mineração de Bitcoin

A mineração de Bitcoin é uma coisa incrível!

Pense nisso. Você pode ganhar Bitcoin enquanto também contribui para a mesma coisa que a mantém viva. Isso significa que você não apenas estará se beneficiando, mas contribuindo para algo que potencialmente mudará a maneira como vemos a economia e a moeda.

Capítulo 10. Segurança de Bitcoin

A segurança da informação está no pensamento das pessoas como nunca esteve antes. Todos os dias há uma nova história sobre um hack. Isso deixou muitas pessoas preocupadas com a Bitcoin, em particular, uma vez que ela cresceu tão rápido e com poucas pessoas realmente a entendendo.

Com isso dito, quão segura é a Bitcoin? A resposta é surpreendente. Vai muito além de dizer: "Sim, a Bitcoin é segura". De fato, abordaremos cada aspecto do ambiente Bitcoin e, no final deste capítulo, você ficará tranquilo, sabendo que é uma das novas tecnologias mais seguras do mercado.

Nós Bitcoin

Um nó é qualquer computador ou dispositivo conectado à rede Bitcoin. Diz-se que um dispositivo é um "nó completo" quando está online, tem o download de um histórico completo da blockchain e está transmitindo para a rede.

B

"Este bloco original, a propósito, é chamado de GÊNESIS BLOCK e Satoshi Nakamoto, dando a ele uma recompensa de cinquenta Bitcoin, o criou!"

Imagine que você tem uma conta bancária. Bem, você provavelmente não precisa imaginar isso, mas imagine. A sua conta tem seu próprio histórico e permite enviar e receber fundos. E se o seu banco for hackeado? Entrar em um banco de dados pode dar a alguém a capacidade de alterar os registros de uma maneira que afeta não apenas você, mas todos os outros usuários desse banco.

Agora, imagine que todas as pessoas que usam o banco tinham o banco de dados inteiro nos seus computadores. Parece seguro, certo? Você não pode invadir algo que não está em um local central.

Se você deseja executar um nó Bitcoin, não será recompensado como os mineiros, mas ajudará a manter o Blockchain seguro. Se você é alguém interessado na tecnologia ou deseja ajudá-la a crescer no futuro, esta é uma ótima maneira de participar. Às vezes, melhorar a tecnologia é uma recompensa por si só.

Segurança de Nó

Há um problema teórico que pode surgir com os nós da Bitcoin, embora esta probabilidade ainda não tenha se concretizado.

Como falamos ao longo deste livro, os endereços Bitcoin não contêm dados sobre a identidade da pessoa que o possui. Quando as transações são iniciadas, os dados deixam este endereço e não são enviados diretamente para o novo endereço.

De fato, os dados são transmitidos para um conjunto aleatório de nós que encaminham as informações para outros nós aleatórios. Isto significa que pode ser difícil rastrear bitcoins a cada passo, mesmo se você souber de onde vem.

A preocupação de segurança surge quando alguém tem controle de vários nós que estão recebendo os dados. Teoricamente, os dados combinados poderiam dar uma ideia de onde eles originalmente vieram.

Com tantos nós operando na rede Bitcoin, isto é altamente improvável. E quanto mais nós a Bitcoin adicionar, menos provável será um ataque como este.

Se você quiser saber mais sobre nós e onde eles estão localizados, vá para http://getaddr.bitnodes.io

Então, O Que PODE Ser Hackeado?

Embora a rede Bitcoin descentralizada nunca possa ser invadida, isso não significa que outras partes da tecnologia Bitcoin não possam ser. Pense assim: A Internet não pode ser invadida, por exemplo, mas seu computador definitivamente pode ser.

Da mesma forma, os serviços que usam a rede Bitcoin às vezes podem ser vítimas de hackers, uma vez que, normalmente, dependem de um sistema mais centralizado para manter seus dados. Isto significa que existem apenas alguns pontos de falha em comparação

aos milhares e milhares de bancos de dados
descentralizados que compõem a própria rede.

Isto também significa, no entanto, que, mesmo que um
serviço seja hackeado, a rede permanecerá segura, pois
não há conexão direta entre as duas tecnologias.
Embora bolsas e carteiras usem a Blockchain para
processar e verificar transações, ela ainda é separada.
Este é um erro que muitas pessoas cometem, e você
provavelmente já ouviu falar sobre a quão insegura é a
Bitcoin por causa da vulnerabilidade em um serviço ou
outro. Você, agora, sabe mais que isso. Os serviços
centralizados que usam Bitcoin podem ter
vulnerabilidades de segurança. Nos últimos 10 anos, a
Bitcoin Blockchain não teve nenhuma violação.
Enquanto uma carteira ou uma bolsa pode ser invadida,
não é a Bitcoin que é realmente atacado.

Teoricamente, existe uma maneira de a Bitcoin ser
hackeada, mas é exatamente isso: teórica. Seria quase
impossível que isso acontecesse, devido ao tamanho da
rede, mas é importante entender caso você deseje
realmente ter uma idéia da segurança da tecnologia
Bitcoin.

O Ataque Teórico de 51%

Um ataque de 51% é puramente teórico. Aqui vamos
nos aprofundar mais do que o habitual para garantir
que você tenha a base necessária para entender o
quadro geral.

Primeiro, devemos dizer que é quase uma certeza que isto nunca acontecerá. Dito isto, não é totalmente impossível.

Aqui está a ideia: Se alguém adquirisse o controle de pelo menos 51% do poder de computação que opera a rede Bitcoin (o poder de processamento de mineração), ele poderia alterar a Blockchain de uma maneira que poderia causar sérios danos a todos aqueles que usam Bitcoins.

O Que Isso Significa?

Pense na propriedade de uma empresa. Mesmo que seja uma empresa de capital aberto, se alguém possuísse mais de 51% das ações, estaria no controle de sua direção. Esse mesmo princípio se aplica ao Bitcoin.

Com 51% do poder de mineração, alguém poderia, por exemplo, reverter transações levando ao que é chamado de "Gastos duplos". Falaremos sobre isso um mais pouco depois, neste capítulo.

Além disso, eles poderiam impedir que as transações fossem confirmadas por outros mineradores. Com todas essas transações em disputa, o responsável poderia receber todas essas taxas e bloquear as recompensas para si. Isto colocaria todo o lucro criado pela mineração nos seus bolsos.

Houve momentos em que as pessoas chegaram perto de operar a porcentagem mágica da rede. No entanto, isto não significa que eles estavam tentando derrubar a rede, apenas que, na época, eles eram uma força poderosa na Bitcoin.

Em 2013 e 2014, um pool de mineração chamado Ghash.io era o maior do mundo, atingindo o limite de 51% algumas vezes. Isto foi completamente involuntário em todos os sentidos, mas ainda era uma ameaça à segurança da Blockchain.

Como resultado, os proprietários do pool e a comunidade mineira começaram a discutir o que deveria ser feito para impedir que isso aconteça no futuro, seja de propósito ou não. Para resolver a situação, Ghash.io comprometeram-se a não ultrapassar o controle de 29,9% da taxa total de hash no futuro. Ainda é uma quantidade incrível de poder para um grupo controlar, mas é o suficiente abaixo do limite para que não represente uma ameaça à rede.

Houve algumas vezes, desde então, em que este pool específico se aproximou da marca de 51% mas, a cada vez que isso acontecia, os registros eram suspensos para retardar o progresso e garantir que eles não cruzassem acidentalmente essa linha mais uma vez.

Depois de interromper repetidamente o registro, eles finalmente caíram na obscuridade. O baixo preço da

Bitcoin na época dificultava a obtenção de apoio das empresas de mineração e eles, eventualmente, cessaram as operações.

Até o momento em que este livro está sendo escrito, nenhuma outra empresa chegou perto dessa marca e o crescimento da Bitcoin tornou isso cada vez mais difícil. Atualmente, a China possui alguns pools operando em cerca de 25% de capacidade da rede, mas nada no nível de Ghash.io .

Gasto Duplo

Vamos falar sobre o ataque de gastos duplos mencionado anteriormente. Gasto duplo significa que alguém poderia, teoricamente, gastar Bitcoin duas vezes.

Na prática, o gasto duplo não é muito eficiente. Por exemplo, alguém pode criar uma transação e transformá-la em um bloco enquanto também gasta essas moedas novamente, antes de adicionar o bloco anterior à Blockchain. Se isso parece complicado, é porque é.

Há também o problema de gastar moedas em algum lugar que não espera por confirmações. Teoricamente, você poderia gastar essas mesmas moedas novamente antes que a transação seja confirmada, enquanto também recebe as mercadorias.

Nenhuma delas é muito realista, sendo altamente improvável. É mais fácil extrair moedas do que tentar um destes ataques.

Com isso em mente, é sempre aconselhável esperar que as confirmações sejam processadas sempre que você estiver recebendo bitcoins.

Anonimato

Um aspecto da Bitcoin que recebe muita cobertura é a questão do anonimato quando se trata de transações, fundos e uso geral. É realmente anônimo?

A resposta mais fácil é que não, não é totalmente anônimo. No entanto, existe um certo nível de anonimato que acompanha as moedas digitais, em comparação às transações tradicionais com cartões de crédito. Se isto é considerado totalmente anônimo pode ser, em grande parte, uma questão de opinião pessoal.

Para começar, as carteiras Bitcoin são identificadas apenas pela sequência de números e letras que compõem o endereço dessa carteira específica. Nenhuma informação está vinculada a esse conjunto de dados. Não inclui o seu nome. Não inclui o seu endereço. Não inclui nenhuma informação que a identifique como sua própria carteira pessoal. Com isso, você pode ter um nível de segurança e anonimato que nunca obterá dos métodos bancários tradicionais.

Isso não significa, porém, que não haja registro do que sua carteira está fazendo. Devido à própria natureza do Blockchain, todas as suas transações fazem parte do registro público, podendo ser visualizadas por qualquer pessoa que esteja olhando para o razão público. Todas as transferências de entrada e saída estão abertas. Digamos que você envie 0,03 Bitcoin a um amigo. Essa transação será feita em público, mas ninguém conhecerá as duas partes que estão transferindo fundos.

Se alguém tiver seu endereço de carteira pública, é relativamente fácil para ele monitorá-lo usando o site Blockchain.info . Ao fazer isso, eles podem ficar de olho nas transações que você faz, mas também podem ver todas as transações passadas.

TUMBLING

Existe uma maneira de manter suas bitcoins mais anônimas, no entanto. A tecnologia ainda está avançando, mas não é impossível enviar suas bitcoins por meio de um serviço de terceiros que as "misturará" e enviará para um novo endereço, sem ter nenhuma conexão entre o ponto A e o ponto B. Ao fazer isso, você impede a Blockchain de registrar de onde suas moedas vieram e onde elas chegaram, fazendo basicamente uma transação anônima.

Existe um certo nível de risco ao fazer isto. Você tem uma chance de perder suas moedas ao longo do caminho e, se isso acontecer, não há como recuperá-las.

Ao tomar cuidado e fazer muitas pesquisas, você pode se proteger o máximo possível. Alguns dizem que isso elimina o núcleo central da Bitcoin, pois você adiciona um intermediário às suas transações. Na realidade, isso é visto como uma maneira de anonimizar ainda mais um serviço que tem o anonimato como princípio central.

FUNGIBILIDADE

O anonimato e a rastreabilidade podem não parecer muito importantes para a maioria das pessoas. Quem se importa se alguém pode ver minhas transações? Tudo o que estou fazendo é legal e normal. Eu não sou tão interessante.

Há uma questão maior em jogo aqui, no entanto. É chamado de fungibilidade de uma moeda. A fungibilidade mede o valor negociável da moeda, independentemente do histórico. Não deve importar para o que a moeda foi usada antes. Ela ainda deve ser útil agora.

Por exemplo, quando você paga algo em dinheiro, o caixa não inspeciona as notas e pergunta onde você as conseguiu. O dinheiro é fungível. É valioso, independentemente da sua história.

O desafio para a Bitcoin é que a rastreabilidade limita a fungibilidade. Se eu suspeitar que a Bitcoin que você está me enviando estava envolvida em um crime ou algo obscuro, eu poderia optar por não aceitá-la. Mesmo que você não tenha feito nada de errado, sua moeda agora perdeu seu valor.

Misturadores de moedas e outros serviços tornam a Bitcoin mais fungível, obscurecendo a procedência da moeda. A rastreabilidade e o anonimato são importantes, mesmo que você seja um usuário comum.

O Roteador De Cebola / The Onion Router
Se você realmente deseja permanecer anônimo, sempre há a opção de adicionar uma criptografia de camada extra através de algo chamado The Onion Router / O Roteador de Cebola. Você pode ter ouvido falar sobre isso nos noticiários nos últimos anos, mas não é tão desonesto quanto possa parecer.

Por Que É Famoso

Vale a pena esconder o esqueleto no armário, quando se trata de navegar na web anonimamente. O Onion Router, ou TOR, ganhou destaque em 2013, quando um site de venda de drogas conhecido como The Silk Road foi invadido e fechado. Os visitantes só podiam acessar o site através do TOR, mas, devido a erros do proprietário, ele acabou sendo rastreado e infiltrado.

O proprietário foi condenado à prisão perpétua sem liberdade condicional, e o FBI guardou algumas das 144.000 bitcoins que apreenderam. Em junho de 2017, isso equivale a mais de US $ 400 milhões!

Mais sobre TOR

Então, o que é TOR? A tecnologia foi desenvolvida em meados dos anos 90 pelo Laboratório de Pesquisa Naval dos EUA de forma a possibilitar às agências de inteligência acesso on-line a suas informações. Em 2002, depois que o código foi divulgado ao público, dois cientistas da computação usaram a tecnologia para criar o TOR, um navegador totalmente gratuito que torna quase impossível rastrear o tráfego online.

A versão básica disso é esta: Os dados são criptografados em várias camadas e enviados a vários nós diferentes, cada um decodificando um pequeno pedaço da informação. No momento em que as informações chegam até você, elas foram criptografadas e descriptografadas de maneira a parecer que vieram de todos os lugares e de nenhum lugar ao mesmo tempo. Parece uma boa idéia se você deseja permanecer anônimo, certo?

Para usuários de Bitcoin, isso significa que você pode acessar suas carteiras e bolsas baseadas na Web sem ter nenhum endereço IP conectado que possa identificá-lo como seu. Existem maneiras de configurar o TOR para que ele também lide com todo o tráfego que entra e sai do seu computador, mas isso é assunto para outra hora.

Usando TOR

Existem duas opções aqui: A opção mais fácil, para você obter o que você precisa, e a versão mais difícil, para pessoas que realmente conhecem tecnologia.

Como este livro é para ajudar as pessoas a começar o mais rápido possível, oferecemos a mais fácil.

Honestamente, não poderia ser mais fácil:

1) Vá para https://torproject.org/ e faça o download do Pacote do Navegador TOR para o seu sistema operacional.

2) Abra o arquivo baixado e instale no destino apropriado.

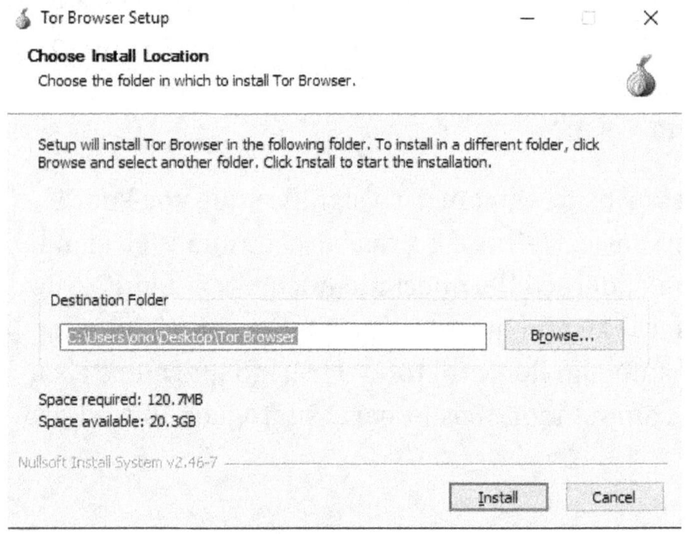

3) Abra o TOR e verifique se está conectado à rede

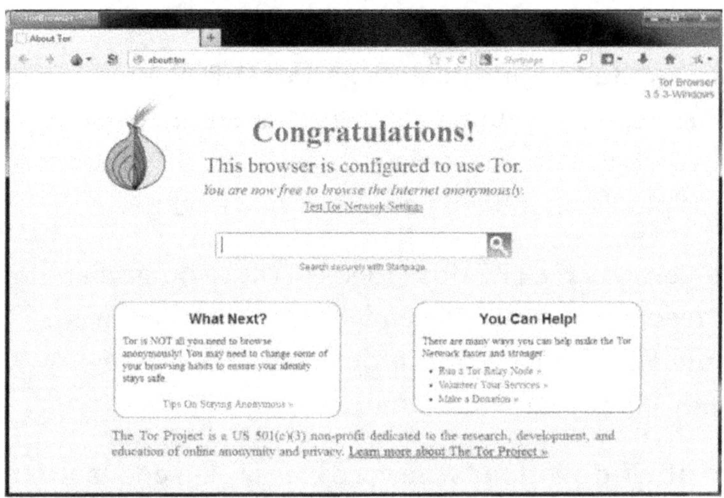

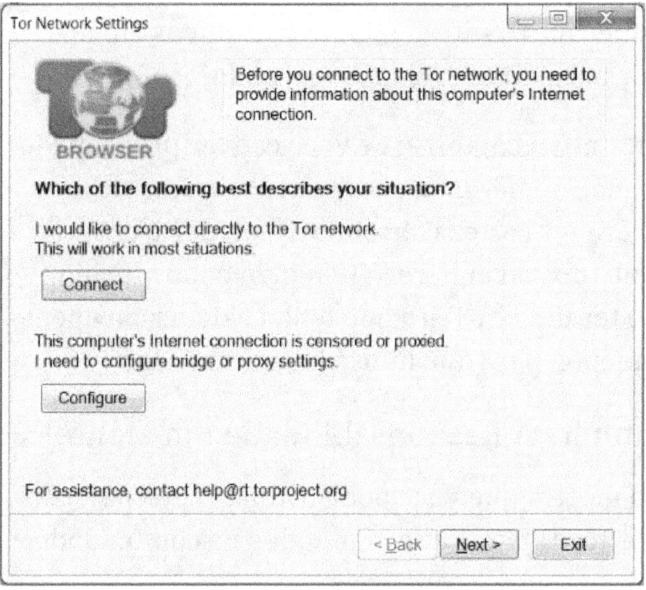

4) Comece a navegar com segurança!

-Não instale plugins do navegador: O TOR, por padrão, bloqueia muitos plugins como Flash, RealPlayer e outros. Eles podem revelar seu endereço IP e muitos outros plugins também, portanto, fique longe.

-Use versões HTTPS dos sites: O TOR criptografa todo o tráfego que está acontecendo na rede, mas apenas o uso de HTTPS pode garantir que ele ainda seja seguro quando chegar ao seu destino.

-Não abrir downloads: Se você baixar algo enquanto estiver usando o TOR, pelo menos enquanto ainda estiver conectado à Internet, outros arquivos auxiliares podem ser baixados, revelando seu endereço IP.

-Abra uma nova carteira: Se você estiver preocupado em permanecer anônimo, precisará abrir uma nova carteira para ter certeza absoluta. Qualquer transação proveniente do seu endereço IP nativo é um vínculo; você deve ter uma carteira que tenha sido usada apenas anonimamente, para que nunca haja uma trilha.

Mantenha A Responsabilidade Em Mente

Tudo isso mostra que você pode confiar na tecnologia Bitcoin, certo? O fato é que nem todos na comunidade Bitcoin serão sempre confiáveis.

Segurança de Bitcoin

Houve alguns casos de pessoas perdendo Bitcoins, mas nenhum destes casos se originou de um problema com a própria rede Bitcoin. No futuro, é quase uma certeza que isto continuará sendo verdade. Quando os problemas acontecem, a culpa é dos serviços criados nessa rede, como as bolsas, por exemplo.

Isso ocorre porque a Bitcoin é descentralizada e, portanto, não há como hackear. Ao entender o que abordamos neste capítulo, você pode ter certeza de que você está seguro no interior da tecnologia de rede mais segura que já existiu.

No entanto, ainda não terminamos, e ainda existem algumas dicas para você e algumas histórias que você definitivamente vai querer ouvir.

Continue lendo, e nós lhe daremos uma recepção adequada ao mundo Bitcoin!

Capítulo 11. Dicas e curiosidades

Aqui está seu arquivo de dicas para uma experiência Bitcoin. Estas são as dez maiores dicas que podem garantir a você uma ótima experiência com Bitcoin.

1) Faça Sempre Pesquisas

Fazer o volume adequado de pesquisa é incrivelmente importante para ter uma experiência benéfica. Muitas empresas vieram e se foram, levando consigo perto de milhões de dólares, em alguns casos, porque as pessoas não estavam familiarizadas o suficiente para se manterem distantes. Use alguns dos recursos sobre os quais falamos para fazer isso e se proteger.

É quase impossível subestimar a importância de fazer pesquisas com frequência e profundidade. Há muito mais informação para a qual não temos espaço aqui, então depende de você usar as que você recebeu e sair para o mundo.

2) Fique Longe Do Paypal

O PayPal revolucionou completamente a maneira como os pagamentos online funcionam. Antes do PayPal, era muito mais difícil enviar pagamentos para as pessoas e, juntamente com esta tecnologia, surgiram muitos benefícios eram muito necessários para as compras online. Infelizmente, aqueles mesmos recursos tornam esta uma área difícil para transações de Bitcoin.

A principal delas é a capacidade de ter uma proteção de pagamento líder de mercado. No entanto, isso pode tornar os pagamentos em Bitcoin perigosos. Existem muito poucas bolsas dispostas a aceitar o PayPal por este motivo.

Imagine que você vende bitcoins para alguém e eles pagam com PayPal. Você transmite a Bitcoin com sucesso e, quando eles chegam em casa, enviam uma reivindicação contra você por este pagamento. Eles podem dizer que, simplesmente, nunca receberam pelo que pagaram, e o PayPal os apoiará, na grande maioria dos casos. Isto significa que você pode enviar sua Bitcoin e depois ter o pagamento estornado por eles, sem que haja muita preocupação com a sua situação.

Houve rumores de que o PayPal está analisando adicionar suporte à Bitcoin. No entanto, não sabemos quando ou se isso acontecerá. Por enquanto, use o PayPal apenas com pessoas em quem você realmente confia e seja cético em relação a quem exige o PayPal para transações de Bitcoin.

3) Não Caia Nos Esquemas De Pirâmide

Sejamos realistas. Sempre houve e sempre haverá muitas pessoas na Internet que querem separá-lo do seu dinheiro. Os esquemas de pirâmide cresceram muito em algumas áreas da Internet, e, agora, se espalharam também pela Bitcoin.

A idéia é assim: Você dá a uma "empresa" sua Bitcoin e eles garantem que você obterá "100% de lucro em cinco dias". Parece ótimo, né? Infelizmente, se parece bom demais para ser verdade, então não é verdade. Isso é especialmente verdade com algo novo como Bitcoin. Muitas vezes, você vê pessoas que pensam que podem tirar proveito disso. Eles acreditam que, colocando seu dinheiro e retirando-o imediatamente, poderão passar para outro antes que o jogo acabe. NÃO PENSE ASSIM!

Os esquemas de pirâmide não vão desaparecer tão cedo, então esteja atento a qualquer oportunidade de "investimento" que pareça boa demais para ser verdade.

4) Crie Sempre Novas Senhas

Não é fácil usar apenas uma senha para tudo?

Pois bem, a propósito disso.

Usar uma única senha para todas as suas contas e perfis é bem terrível. Para cada carteira, bolsa ou qualquer coisa da Bitcoin, você deve criar uma senha totalmente nova, que nunca usou antes em nenhum site. Nós estamos falando sério.

B

Este site e plugin o ajudarão a criar senhas únicas que
são impossíveis de serem adivinhadas por hackers
usando um ataque de "força bruta". Se você fizer
somente isto, poderá garantir estar protegido mais do
que qualquer outra coisa.

Aqui está um exemplo de senha que eles geraram:

81 & G ^ Ykb7

Você precisará anotá-la ou armazená-la em no software
deles, mas esta senha é aquela que um hacker teria que
passar anos quebrando, mesmo com o que há de mais
moderno em poder de computação.

5) Participe da Comunidade

Você já tentou conversar com seus amigos sobre esta
moeda digital que existe, mas realmente não existe, e
eles pensaram que você é louco?

A comunidade Bitcoin é um dos melhores aspectos
desta nova tecnologia. Desde o início, pessoas de todo o
mundo se reúnem para falar sobre o que gostam, o que
odeiam e o que podem fazer para melhorar o mundo da
Bitcoin.

Uma das maiores comunidades está no Reddit. Você pode encontrá-la em http://reddit.com/r/bitcoin.

Existem também várias outras comunidades Bitcoin por lá.

De longe, a maior e mais antiga, porém, é a Bitcoin Talk. Você pode encontrá-la em http://bitcointalk.org e se juntar a milhares e milhares de outros usuários que estão a par da mais recente tecnologia Bitcoin.https://bitcointalk.org/

6) Faça Backup De Tudo

Se você estiver usando uma carteira de software ou hardware, ou mesmo se estiver usando algo relacionado à Bitcoin, sempre faça um backup. Você sabe, coisas acontecem. Às vezes, o computador que você pensou que duraria para sempre frita da noite para o dia.

Na pior das hipóteses, você quer sempre uma maneira de recuperar todas as suas informações. Isto significa que você deve ter certeza que o backup também seja seguro, portanto, use um fornecedor de hardware e software confiável.

7) Pagar Taxas Razoáveis

Em alguns casos, você pode não pagar taxas pelas transações, embora não deva. Todos gostaríamos de pagar um pouco menos para fazer coisas on-line, mas a verdade é que as taxas são o que faz com que tudo funcione. Mesmo que a maioria das pessoas esteja minerando porque acredita na tecnologia, é importante que elas sejam compensadas por seu trabalho. Elas fizeram um investimento na tecnologia Bitcoin e deveriam ter um retorno sobre isso. Não acha?

Claro, isso não será necessário por enquanto. Muitas bolsas o forçarão a pagar taxas, mas você deve estar mais do que disposto a fazê-lo. A verdade é que uma moeda sem taxas seria incrivelmente difícil de manter e seguir em frente. Faz sentido né?

8) Divulgue

Bitcoin só tem valor porque as pessoas usam. Com isso em mente, é hora de ser um desses usuários que diz a todos que eles conhecem o quanto amam Bitcoin.

Ao divulgar e usar Bitcoin em todas as chances que você tiver, você estará ajudando a aumentar a comunidade e a manter o valor subindo. Também quer dizer que suas moedas valem mais dinheiro quanto mais aumentam os usuários.

Acontece que divulgar literalmente fará você lucrar!

9) Siga As Notícias

Se você está entrando nisso visando o longo prazo, é provavelmente uma boa ideia acompanhar os eventos atuais. As coisas estão sempre mudando rapidamente com a Bitcoin e, como resultado, é bom saber sobre elas.

Atualmente, existem muitas agências de notícias que cobrem a Bitcoin, mas é importante que você também leia o que os sites reais, centrados em Bitcoin, estão dizendo. Isto ocorre porque eles entrarão em muito mais detalhes com muito menos suposições, uma vez que foram escritos por pessoas que são encarregadas de escrever principalmente sobre criptomoedas.

Confira estes sites para se manter atualizado sobre tudo o que acontece no mundo Bitcoin:

- http://bitcoin.com

- http://coindesk.com

- http://coincentral.com

- http://cointelegraph.com

As Histórias Que Você Precisa Ouvir

Todo mundo sonha em ficar rico. Você já teve um sonho em que encontrou algo que vale milhões? Que tal um pesadelo em que você perdeu algo que vale o mesmo? A Bitcoin subiu, caiu e levou a muitas histórias loucas nos últimos oito anos.

Aqui estão algumas de nossas histórias favoritas sobre Bitcoin.

A Famosa Pizza Bitcoin

Uma das histórias mais conhecidas envolvendo transações de Bitcoin foi a famosa pizza, comprada em 2010.

Por volta do meio daquele ano, as bitcoins estavam ao preço de apenas frações de um centavo de dólar americano. A esta cotação, 10.000 btc parecia um preço razoável para uma pizza, certo? Isto é exatamente o que um homem na Flórida, chamado Laszlo Hanyecz, pensou quando decidiu que comprar pizza com Bitcoin seria um empreendimento "interessante".

Conversando com um nativo da Inglaterra sobre isso, ele elaborou um acordo em que enviaria 10.000 bitcoins ao inglês se ele pedisse duas pizzas para ele de um Papa John local.

Não era muito na época, mas, agora, esta é uma entrega de pizza de aproximadamente US $ 3 milhões!

Muitas pessoas usaram esta história como um exemplo de alguém cometendo um grande erro com investimento inicial em Bitcoin, mas pense assim: Se Laszlo tivesse acumulado todas as suas bitcoins, elas ainda não valeriam nada hoje. É preciso usar bitcoins para que elas tenham poder.

O Caso das Bitcoins Esquecidas

Um tema comum em muitas histórias de Bitcoin é que elas valiam centavos cada uma na época. Quantas coisas você manteve que eram incrivelmente baratas?

Um norueguês chamado Kristoffer Koch aprendeu uma lição sobre isso há alguns anos. Em 2009, ele gastou US $ 26,60 para comprar 5.000 bitcoins. Ele estava trabalhando em sua tese sobre criptografia quando se interessou por esta nova tecnologia.

Ele não pensou muito nisso depois. Afinal, eram apenas US $ 27 em formato digital. Foi muito fácil lembrar quando o preço começou a decolar, em 2013. O preço subiu vertiginosamente quando Kristoffer pensou: "Eu não tinha algo assim?"

Como a Bitcoin é muito segura, ele estava preocupado em não conseguir descriptografá-la. Felizmente, ele acabou ganhando acesso e descobriu que era $ 884.000 mais rico!

Depois de sacar 1/5 de suas moedas, comprou um apartamento em uma das partes mais ricas de Oslo. Isto foi depois que sua namorada pensou que ele estava desperdiçando seu dinheiro com "dinheiro falso" que viu na Internet!

Já Jogou Fora Milhões De Dólares?

Todos nós tivemos discos rígidos antigos que
precisavam ser jogados no lixo. Em 2010, um homem
estava nos fóruns de Bitcoin e encontrou alguém
disposto a vender bitcoins por 1,5 centavo cada.

Ele pensou que US $ 25 era uma pequena chance de
risco caso algo acontecesse com elas. Depois de ler um
artigo em *WIRED*, parecia uma ideia interessante sobre
a qual ele queria aprender mais. Esses US $ 25
compraram a ele cerca de 1.400 bitcoins.

Depois de mantê-las por um tempo, ele colocou as
bitcoins em uma carteira de armazenamento frio e
guardou em um disco rígido, ao lado de músicas, filmes,
arquivos de gravação e praticamente tudo o que você
mantém em uma unidade sobressalente. Aquele HD
acabou chegando a uma pilha de coisas sendo jogadas
fora enquanto ele fazia uma pequena limpeza. Afinal, na
época não valia tanto assim, então, por que ele pensaria
nisso?

Antes de se lembrar de suas bitcoins, o preço já havia
atingido US $ 2,50 por moeda, o que significava que ele
já havia perdido cerca de US $ 4.000!

Mais recentemente, essas bitcoins perdidas valiam
quase US $ 5 milhões, e só subirão.

Como seria de esperar, ele se debateu sobre ir ao aterro
sanitário e procurar o disco rígido. Eles são mais
organizados do que você imagina, ele disse. Mesmo

assim, ele viu isso como uma causa perdida. Enquanto ele gostaria de ser um milionário, ele diz que está feliz com a vida que tem.

Esta certamente não é a única história de alguém que perdeu milhões!

O Fundador de uma Startup com 15 anos de idade
Um adolescente chamado Erik Finman recebeu US $ 1.000 da avó, em 2012. Na época, a Bitcoin ainda era um conceito obscuro, mas ele decidiu que queria investir nela.

Levou apenas um ano e meio para que seu investimento se transformasse em incríveis US $ 100.000! Aos 15 anos, ele tornou-se o fundador de uma startup conhecida como Botangle.com .

Aquele investimento de US $ 1.000 permitiu que ele iniciasse o serviço de tutoria on-line, que, agora, cresceu para incluir centenas de usuários e mais de 20 funcionários . Os usuários podem conversar por vídeo com tutores sobre tudo, do francês à dança, em uma horário que funcione melhor para eles.

De fato, esta inspiração veio da leitura sobre o que o fundador do Reddit, Alexis Ohanian, falou em seu livro,*Without Their Permission*. Graças à Internet, qualquer pessoa pode fazer qualquer coisa com uma ideia que tenha, e esta moeda digital remove ainda mais barreiras para chegar a isso.

Agora, ele está pagando um funcionário com Bitcoin e esperando que isso espalhe ainda mais a riqueza. Com o aumento contínuo do preço, ele poderá, em breve, ser proprietário de uma empresa que, no futuro, recompensará seus funcionários com quantias incríveis de dinheiro!

Compreenda As Histórias Em Perspectiva

Todas estas histórias farão você desejar ter investido anteriormente, mas o importante é lembrar que ainda há uma quantidade incrível de oportunidades ao Bitcoin. Só porque você não entrou assim que começou, não significa que você não terá lucro com Bitcoin, e também não significa que você não terá a mesma experiência incrível. Juntar-se à Bitcoin é principalmente participar de uma revolução tecnológica que, muito provavelmente, mudará a face da tecnologia como a conhecemos.

Capítulo 12. Conclusão

Aí está.

Por agora, você deve ter um bom entendimento da tecnologia Bitcoin. Quer dizer, se eu fiz meu trabalho corretamente.

A questão agora é: daqui, para onde você vai?

Mergulhe mais fundo

Isso depende do que você está procurando, mais especificamente. O que fez você se interessar por Bitcoin em primeiro lugar?

Uma excelente fonte de informações que você deve começar a ler está em Bitcoin Wiki em https://en.bitcoin.it/wiki/Main_Page

Aqui você pode encontrar explicações detalhadas sobre quase todos os aspectos da Bitcoin. Esteja você está interessado em aprender exatamente como a rede funciona ou você lida com insumos ou quer pesquisar qual a última tendência em mineração significa para sua própria sonda, este é o lugar que você deve consultar primeiro.

Cada artigo da Wiki é bem abrangente, o que significa que você nunca precisará procurar por mais informações sobre qualquer tópico que esteja procurando.

Talvez você queira apenas obter algumas informações de alguma outra fonte. Confira alguns dos documentários em uma lista que a Coin Desk compilou em:

http://coindesk.com/six-bitcoin-documentaries-watch

Deseja aprofundar-se em dados brutos relacionados à Bitcoin e outras criptomoedas? http://bitcoincharts.com possui alguns dos gráficos mais detalhados e repletos de dados que você encontrará em qualquer lugar. Um aviso justo: Eles não são para os fracos de coração. São para os nerds de dados reais por aí!

COMO USAR

Uma das coisas mais importantes que você pode fazer neste momento é começar a usar Bitcoin! De que vale todo este conhecimento que você recebeu se não o colocar em funcionamento?

Use-o sempre que tiver oportunidade:

- Pague por mercadorias nas lojas em todas as ocasiões que puder.
- Pague seus amigos com Bitcoin.
- Dê Bitcoin como presente para as pessoas.
- Inicie uma conta poupança em Bitcoin.

- Pague suas contas com ela.
- Configure um equipamento de mineração básico, mesmo que apenas use sua CPU.
- Divulgue usando-a, não apenas falando sobre ela.

Cada pessoa com quem você compartilhar Bitcoin será outra pessoa que entrará na rede e outra pessoa que a ajudará a avançar!

O Futuro da Bitcoin

Há muita especulação acontecendo com a Bitcoin. Todo mundo afirma saber o que o futuro reserva para esta moeda digital, mas, para ser sincero, ninguém sabe ao certo.

O que podemos esperar?

Em toda a especulação, existem algumas coisas que podemos esperar do mundo de Bitcoin e de criptomoedas.

Novas tecnologias
Bitcoin é ótima em uma coisa, particularmente: Levar à tecnologia avançada.

No futuro, você pode apostar que haverá mais e mais avanços tecnológicos. Graças à Bitcoin. Novos dispositivos de segurança, outros usos para a tecnologia Blockchain, sistemas de pagamento mais fáceis e modelos econômicos aprimorados estão todos no horizonte. Graças a esta invenção.

Novas Criptomoedas

Novas criptomoedas estão sempre aparecendo, apoiadas na popularidade da Bitcoin. Você provavelmente já ouviu falar de algumas delas: Litecoin, Ethereum, Dogecoin, a lista continua.

Não temos espaço para nos aprofundarmos em tudo isto aqui, mas lembre-se de que muitas delas continuarão crescendo junto com a Bitcoin e mais surgirão, de tempos em tempos.

No entanto, há um problema com estas. Muitas delas podem se tornar parte de um esquema de ficar rico rápido, o qual os codificadores usam para ganhar muito dinheiro, antes de sair e deixá-lo morrer. Isso sempre será algo a se observar. Como sempre, certifique-se de fazer toda a pesquisa possível sobre qualquer outra moeda antes de decidir entrar.

Para Concluir

Já está pronto para enfrentar o mundo Bitcoin? Espero que sim.

Fizemos o possível para cobrir cada seção da comunidade Bitcoin, de uma forma que eliminasse a maior parte da confusão envolvendo os primeiros contatos de qualquer pessoa pesquisando Bitcoin.

Há muitas informações por aí, de várias fontes diferentes, e é fácil ser pego em cada pequeno detalhe de cada pequena utilização, mas espero que tenhamos conseguido colocar você em condições.

Então lembre-se, use Bitcoin em todos os lugares que puder e sempre mantenha-se seguro!

Eu gostaria de ser o primeiro a recebê-lo oficialmente no mundo Bitcoin!

Sobre o Autor

Alan T. Norman é um hacker ético, esclarecido e orgulhoso, da cidade de San Francisco. Depois de receber um bacharelado em ciências na Universidade de Stanford. Alan agora trabalha para uma empresa de tecnologia da informação de tamanho médio no coração da SFC. Ele aspira a trabalhar para o governo dos Estados Unidos como um hacker de segurança, mas também adora ensinar aos outros sobre o futuro da tecnologia. Alan acredita firmemente que o futuro dependerá fortemente de "geeks" de computador, tanto para a segurança quanto para o sucesso de empresas e futuros empregos. Em seu tempo livre, ele gosta de analisar e examinar tudo sobre o jogo de basquete.

Livro de Bônus Baleias Bitcoin

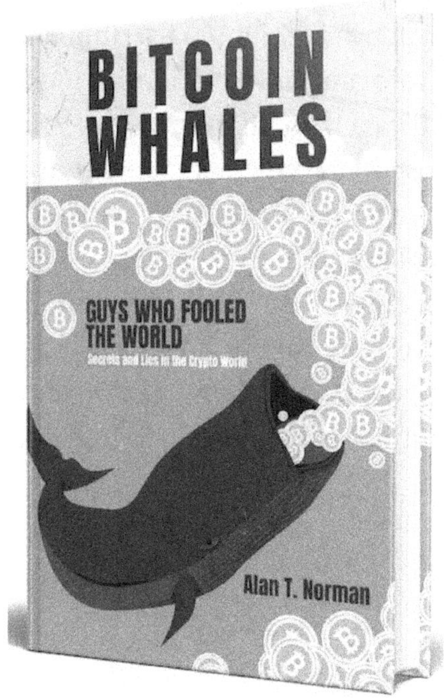

Link no Livro - http://bit.ly/2LprwpV

Outros Livros Do Autor

CRYPTOTRADING PRO

CRYPTOCURRENCY INVESTING BIBLE / BÍBLIA DO INVESTIMENTOS EM CRIPTOMOEDAS

BLOCKCHAIN TECHNOLOGY EXPLAINED / TECNOLOGIA BLOCKCHAIN EXPLICADA

HACKING: GUIA PARA INICIANTES EM HACKING DE COMPUTADORES

HACKING: HOW TO MAKE YOUR OWN KEYLOGGER IN C++ PROGRAMMING LANGUAGE

HACKED: KALI LINUX AND WIRELESS HACKING ULTIMATE GUIDE

Uma Última Coisa...

VOCÊ GOSTOU DESTE LIVRO?

SE SIM, DEIXE-ME SABER, DEIXANDO UM COMENTÁRIO NA AMAZON! Comentários são a força vital de autores independentes. Eu apreciaria até apenas algumas palavras e uma classificação, se isso é tudo o que você tem tempo para fazer.

SE VOCÊ NÃO GOSTOU DESTE LIVRO, ENTÃO, POR FAVOR, ME DIGA! Envie-me um e-mail para alannormanit@gmail.com e deixe-me saber o que você não gostou! Talvez eu possa mudar isso. No mundo de hoje, um livro não precisa ficar estagnado, ele pode melhorar com o tempo e com o feedback de leitores como você. Você pode impactar este livro e agradecemos seus comentários. Ajude a melhorar este livro para todos!